SIGUE
MIRANDO
HACIA
ARRIBA

JENTEZEN FRANKLIN

SIGUE MIRANDO HACIA ARRIBA

40 DÍAS PARA FORTALECER TU CONFIANZA EN DIOS

WHITAKER
HOUSE
Español

Traducción al español por:
Belmonte Traductores
www.belmontetraductores.com

Editado por: Ofelia Pérez

SIGUE MIRANDO HACIA ARRIBA
40 DÍAS PARA FORTALECER TU CONFIANZA EN DIOS

ISBN: 979-8-88769-070-4
eBook: ISBN: 979-8-88769-071-1
Impreso en los Estados Unidos de América
© 2023 Jentezen Franklin

Whitaker House
1030 Hunt Valley Circle
New Kensington, PA 15068
www.whitakerhouse.com

1 2 3 4 5 6 7 8 9 10 11 ⊔ 30 29 28 27 26 25 24 23

ÍNDICE

INTRODUCCIÓN

Un nido es un lugar seguro. Evoca sentimientos de seguridad y comodidad. Es hogareño, pero Dios no quiere que nos acomodemos tanto en nuestros nidos que no queramos salir de ellos. Incluso las mamás aves tienen que remover sus nidos para que sus jóvenes polluelos vuelen por sí mismos. Dios hará lo mismo contigo y conmigo. Cuando nos acomodamos demasiado, cuando nos conformamos demasiado, cuando somos demasiado autocomplacientes, Dios permitirá que nuestro nido se deshaga para que aprendamos a volar.

¿Sientes que tu nido se está rompiendo y deshaciendo? ¿Estás abrumado? Sé lo que se siente. He estado en ese lugar en el que sabía que Dios me estaba llevando por lo que prometió en su Palabra y, sin embargo, no entendía por qué estaban sucediendo ciertas cosas.

No nacimos para vivir y morir en nuestros nidos. Estamos destinados a un lugar más alto. El enemigo sabe que tienes un llamado celestial y que estás gestando las promesas de Dios. Por eso son tantos los ataques. Piénsalo así: Jacob tuvo que quedar cojo antes de ser coronado con un nombre nuevo: Israel. José tuvo que estar en el pozo para llegar al palacio.

¿Te acuerdas de Job, el hombre de la Biblia que casi lo perdió todo? Él clamó: "Moriré en mi nido". En unas circunstancias muy trágicas, Job tuvo que hacer frente a algunas preguntas muy difíciles. Tarde o temprano, también nosotros debemos dar respuestas a las mismas:

1. **¿Puedo confiar en Dios cuando sufro?** Job perdió su familia, su dinero, su salud física, incluso su reputación. Pero en medio de unas pérdidas y un dolor inimaginables, aprendió a alabar a Dios como nunca antes. Sí, Job pudo confiar en Dios en su tristeza y dolor.

2. **¿Puedo confiar en Dios cuando las personas que amo se olvidan de mí?** Job escribió: "Mis parientes se mantienen a distancia; mis conocidos me tienen olvidado" (Job 19:14). Si aquellos a quienes más amas te han abandonado, rechazado u olvidado, cobra ánimo. Como Job, tienes que ver que hay Alguien que nunca te dejará ni te abandonará. Sí, Job pudo confiar en Dios cuando sus amigos y familiares no estaban ahí para él.

3. **¿Puedo confiar en Dios cuando paso por una oscuridad terrible?** Job estaba en una oscuridad absoluta. ¿Lo estás tú en este momento? Job pensó que Dios le debía algunas respuestas, pero Dios nunca respondió a sus preguntas. ¿Puedes confiar en Dios cuando no te da ni explicaciones ni luz? Al final, Dios le recordó a Job su soberanía, suficiencia y compasión. Job respondió con alabanza, y Dios restauró a Job dándole el doble. Sí, Job pudo confiar en Dios en medio de la oscuridad.

Me encanta lo que dijo Job: "Aunque el Señor me mate, yo en él confío" (Job 13:15). Espero y oro para que puedas decir tú lo mismo. Y, a lo largo de estas páginas, quiero recordar y seguir recordándote que puedes confiar en Dios en tus tiempos más abrumadores.

Esto es especialmente importante que lo sepas bien porque estamos viviendo en los últimos tiempos. Jesús regresará pronto. Lucas 18:8 pregunta: "Pero cuando venga el Hijo del Hombre, ¿hallará fe en la tierra?". ¡Qué pregunta tan reveladora! No se necesita mucha fe para sentarnos, gemir, y emitir quejidos en un nido roto. La fe demanda el uso de nuestras alas. No sé tú, pero yo prefiero fracasar al intentar volar que quedarme sentado en el nido, esperando a morir.

Tenemos que vivir como si creyéramos que Jesucristo podría volver en cualquier momento. Tenemos que vivir como vencedores y, para hacerlo, debemos aprender a soportar los tiempos duros.

Este devocional de 40 días está basado en lo que yo llamo "5 pasos para vencer en medio de tiempos abrumadores". Estos pasos están anclados en las palabras de Jesús y la conversación que tuvo con sus discípulos mientras estaban en el templo de Herodes (ver Mateo 24). Los seguidores de Jesús le preguntaron por las señales que habría en los últimos tiempos, y en lugar de darles las respuesta que querían, su mensaje tuvo la intención de preparar a sus seguidores espiritualmente, emocionalmente y mentalmente para lo que iba a suceder.

Estos 5 pasos te ayudarán a ser valiente y a estar lleno de esperanza mientras estás en la carrera de la fe y en el caos resultante de cada día que tienes por delante.

Paso 1: Mira hacia adentro

Paso 2: Mira a Jesús

Paso 3: Mira hacia adelante

Paso 4: Mira hacia afuera

Paso 5: Mira hacia arriba

A medida que das estos pasos, te animo a tener cerca un cuaderno a modo de diario para que escribas tus pensamientos y respuestas a las indicaciones.

Tal vez sientes que tu nido está roto, como si estuvieras haciendo acrobacias y cayendo sintiéndote totalmente abrumado, pero debes saber que como tienes un Padre en el cielo que puede volar más rápido de lo que tú puedas caer, ¡estás venciendo!

MIRA HACIA ADENTRO

Crisis de salud globales. Agitación política. Divisiones sociales. Calamidades medioambientales. Guerras y más guerras. Vivimos en días sin precedentes. Las señales del regreso de Jesús están por todas partes hacia donde pones tus ojos. Es emocionante y al mismo tiempo aterrador.

Cuando los discípulos acribillaron con preguntas a Jesús sobre el fin de los tiempos —aunque Jesús sí les dio alguna idea de cómo sería el fin— su primera respuesta para sus discípulos entonces y para nosotros hoy fue "cuídense" o "miren hacia adentro" (ver Mateo 24:4).

Las profecías no son para hacernos especular; son para motivarnos. En lugar de preocuparnos por las señales de los tiempos, Jesús quiere que hagamos un inventario espiritual... que nos examinemos a nosotros mismos, antes que cualquier otra cosa. Su regreso es una motivación para que nos pongamos de rodillas, arreglemos nuestras familias, nos cuidemos de nuestras tentaciones, decidamos si estamos sirviendo verdaderamente a Dios o nos conformamos con una fe tibia. Mi oración es que los devocionales en la primera parte de este libro sirvan para mostrarte cómo.

ATENTO A TUS PALABRAS

El que ama la lengua comerá de sus frutos;
ella tiene poder sobre la vida y la muerte.
—Proverbios 18:21

Jesús nos dio un gran consejo, y se encuentra en Marcos 13:33: "Pero ustedes, presten atención y manténganse atentos, porque no saben cuándo llegará el momento". Toma nota de la palabra *atentos*, porque en los siguientes días hablaré de cinco aspectos de tu vida a los que tienes que estar atento para vencer:

Tus palabras

Tu actitud

Tus tentaciones

Tu carácter

Tu casa

¿Cuál es tu actitud en general con respecto a la vida? ¿Eres optimista o pesimista? ¿Tiendes a ver lo positivo, o principalmente ves el cielo gris y las lluvias? Piensa en esto: Dios creó el mundo con su voz, después creó al hombre a su imagen… ¡y le dio el poder de hablar! ¿Qué significa eso para ti y para mí? Dios dice en Isaías 57:19 que Él hará que nuestros labios confiesen palabras de paz".

Las palabras cambian la atmósfera de tu vida. Puedes declarar vida o declarar muerte. Puedes declarar depresión o puedes declarar gozo. Puedes declarar desesperanza o puedes declarar fe. ¡Tú decides! Quiero dar tres fuentes para tus palabras a fin de que puedas estar atento con más diligencia a lo que sale de tu boca.

1. **Atento a las palabras que el diablo te hace llegar.** Cuando Jesús anunció su muerte y resurrección según se narra en Mateo 16, Pedro tomó a Jesús aparte y lo reprendió. ¿La respuesta de Jesús? "¡Quítate de delante de mí, Satanás!" (Mateo 16:23 RVR 60). Pedro estaba diciendo cosas que no eran de Dios, y Dios tuvo que revisar esas palabras. Si estás encadenado a una adicción, si estás de duelo por la pérdida de un ser querido o luchando por salir de

una gran deuda, el diablo te dirá que abandones, que no lo conseguirás y que siempre serás un fracaso. Reconoce las palabras del enemigo, y repréndelas con una palabra del Señor que declara que eres amado, salvado, liberado y sanado.

2. **Atento a las palabras que llegan de otras personas.** ¿Alguna vez has tenido un gran día y de repente oyes o ves un comentario negativo de alguien, y eso lo arruina todo? Eso es algo que nos sucede a todos, pero no tiene por qué afectarnos profundamente. No conviertas tus oídos en cubos de basura. Sé selectivo con lo que recibes de otras personas. No prestes atención a las palabras inferioridad, derrota o negatividad que otros te digan. No permitas que ese tipo de lenguaje amaine tu espíritu de vencedor.

3. **Atento a tus propias palabras.** Tenemos que declarar palabras de vida. Tenemos que declarar palabras de fe. Tenemos que decir palabras que estén de acuerdo con las de Dios. Tenemos que hablar lo que Dios dice sobre nosotros mismos, nuestras familias y nuestras comunidades.

Nunca digas palabras que le permitan al enemigo pensar que está ganando. Si quieres ser un vencedor, tienes que estar atento a tus palabras. Envía tus palabras en la dirección que quieres que vayan.

ORA

Señor, tú conoces cada parte de mí: quién soy, los pensamientos que viven en los lugares más hondos, cada palabra que he dicho en mi vida... todo lo que he hecho. Enséñame a discernir todo esto, a detener cada palabra y cada pensamiento que llegue a la puerta de mi mente y a identificar su fuente. Después, dame la sabiduría y la fuerza para recibir solo lo que venga de ti. Quiero que mis decisiones y mis acciones te glorifiquen, y ser un vencedor. Te lo pido en el nombre de Jesús. Amén

REFLEXIONA

Las palabras son como semillas. Así como tu jardín produce plantas según las semillas que siembres, igual sucede con las palabras que dices sobre ti, tu futuro y tu familia. ¿Cómo has visto que las palabras dan vida o crean muerte?

ACTÚA

Durante los próximos siete días, rétate a ti mismo a ayunar de toda palabra negativa. No podrás quejarte de la temperatura exterior, de tu ruidoso vecino, del presidente de tu país, del aspecto de tu cuerpo, de lo alta que está la música en la iglesia... ya sabes. Toma nota de cuándo piensas en decir algo negativo, o cuándo comienzas a pronunciar una frase negativa.

¿Cuán difícil te resulta detener el hábito? Al terminar el ayuno, repasa tus notas. Considera ser más intencional acerca de lo que dices.

DÍA 2

ATENTO A TU ACTITUD

Tengan la misma actitud que tuvo Cristo Jesús.
—Filipenses 2:5 (NTV)

¿Cuántos empleos se pierden cada día por la actitud negativa de los empleados? ¿Cuántas personas son ignoradas para un ascenso porque enfrentan su trabajo y a la gente que les rodea con quejas y hostilidad? ¿Cuántos matrimonios se rompen por falta de gratitud? Sería imposible calcularlo. Nadie debería perder nunca un empleo, perder un ascenso, o ver cómo se destruye su matrimonio por una mala actitud. ¿Por qué? Porque la actitud de una persona no es algo establecido, es una decisión.

Con la experiencia, he aprendido que la actitud de una persona dice mucho sobre su nivel de fe. Las personas con más fe abordan las situaciones de otra forma porque saben que la batalla está ganada antes incluso de entrar en la sala. Toman el camino elevado porque saben que no se trata de ellos. Tener una buena actitud no solo habla mucho del caminar de fe de una persona, sino también dice mucho de su bienestar físico.

Según un estudio del hospital Johns Hopkins, las personas con una predisposición familiar a tener alguna enfermedad del corazón y una buena actitud tenían un tercio menos de probabilidades de sufrir un ataque al corazón u otra complicación cardiaca en un rango entre cinco y veinticinco años en comparación con los que tienen una actitud más negativa.[1] Los doctores y científicos no saben exactamente cómo llamarlo, pero hay una clara conexión entre tener una actitud positiva y la protección del daño inflamatorio del estrés.[2]

No es fácil tener siempre una buena actitud. A veces, de hecho, es casi imposible. Sin embargo, la Biblia nos dice que imitemos el tipo de actitud que tuvo Jesucristo cuando anduvo en esta tierra. Él siempre se acercó a la gente con amor, gracia, aceptación, y un corazón dispuesto a servir en lugar de ser servido.

El rey David le pidió a Dios: "Y renueva un espíritu recto dentro de mí" (Salmos 51:10 RVR 60). Incluso, o más bien especialmente, cuando estamos en una época seca espiritualmente hablando o cuando la vida parece abrumarnos, tenemos que mantenernos firmes en la actitud de creer que Dios sigue siendo bueno, sigue siendo fiel, sigue amándonos, y nunca nos dejará.

Aunque no sabemos lo que nos deparará el mañana o cómo responderá Dios nuestra oración, en cada situación que nos encontremos hay siempre algo que controlamos plenamente: nuestra actitud. Nuestra actitud determina cómo abordamos cierta situación. Podemos intensificarla o manejarla; aportar tensión o hablar con calma; descansar en fe en ella o trabajar con ansiedad por ella. Si realmente crees que el Señor hace que todo sea para bien, entonces empieza por ahí. Comienza sabiendo que Dios va a obrar algo bueno en tu situación, que Él tiene en su mente lo que será mejor para ti. Decide cuál será tu actitud, y Dios se ocupará del resto.

ORA

Padre, bendícenos y guárdanos hoy, y danos ese espíritu que dice: "Dios, estoy agradecido". Si lo único que hubieras hecho por mí en la vida fue enviar a tu Hijo a morir por mí, ya sería más que suficiente. Perdóname por las veces que pierdo de vista eso y desarrollo una actitud de queja. Desarrolla en mí una actitud de gratitud que no pueda ser sacudida. Hoy te daré gracias, porque eres bueno y tu amor perdura para siempre. Te lo pido en el nombre de Jesús. Amén

REFLEXIONA

Si la Biblia dice que debemos tener una actitud como la de Jesús, ¿cuáles son las tres cosas que deberías hacer hoy para imitar su conducta y sus acciones?

ACTÚA

Al final del Día 1 aprendimos a discernir nuestros pensamientos y a permitir que solo entren por la puerta de nuestra mente los que son de Dios. Ahora, cuando identifiquemos pensamientos que no sean suyos, en lugar de descartarlos, reemplacémoslos de inmediato por pensamientos que sabemos que sí vienen de Él.

ATENTO A TUS TENTACIONES

Por lo tanto, sométanse a Dios; opongan resistencia al
diablo, y él huirá de ustedes.
—Santiago 4:7

Si quieres vigilar tu vida, debes estar atento a tus tentaciones. Todos somos tentados. Nadie está exento.

¿Alguna vez te has sentido culpable cuando sientes la urgencia de entrar en alguna página web en concreto, o quedarte un poco más de tiempo en ese lugar donde sabes que no deberías, o retomar algún hábito destructivo que calme tu ansiedad? A veces nos desanimamos y pensamos: "Si fuera mejor cristiano, no tendría estos pensamientos. He orado por esto una y otra vez. ¿Por qué no me quita Dios esta tentación?".

Este es un secreto que no es tan secreto: la tentación nunca desaparece. La buena noticia es que Dios te dará el poder para superarla.

Cuando los israelitas entraron en la Tierra Prometida, pensaron que se habían acabado las tentaciones, la escasez, y los conflictos. Se sorprendieron al ver que los cananeos aún estaban en la tierra. Pensando que debían haber tomado el camino equivocado, se desanimaron. "Esta no puede ser la tierra prometida". Sin embargo, la Palabra de Dios deja claro que la vida cristiana, desde el principio hasta el final, es una guerra. Pablo dice que somos llamados a una "lucha… contra principados, contra potestades, contra los gobernadores de las tinieblas de este siglo, contra huestes espirituales de maldad en las regiones celestes" (Efesios 6:12 RVR 60).

Al igual que la Tierra Prometida, la vida de victoria prometida te exige lidiar con la tentación y luchar hasta conseguir la victoria, creyendo que "mayor es el que está en vosotros, que el que está en el mundo" (1 Juan 4:4 RVR 60). Sin duda, el ataque de su enemigo demostró que Israel estaba en la Tierra Prometida. Por lo tanto, experimentar tentaciones es la prueba de que verdaderamente estás permaneciendo en Cristo.

Observa que ser tentado no es pecado. El pecado solo se produce cuando cedes a la tentación. El enemigo intentará con todas sus fuerzas hacer que te culpes de las tentaciones que experimentas. ¿Por qué? Porque, cuando crees que tú eres la fuente de las tentaciones, te sientes condenado y desalentado.

Al ceder a los sentimientos de desánimo, te conviertes en presa fácil y Satanás te convence para que des un paso más y cedas a la tentación. Irónicamente, cedes al pecado mediante el temor a haber pecado ya.

La Biblia dice que Jesús se identifica con nuestras debilidades porque Él también fue tentado del mismo modo que nosotros, pero Él no cayó en pecado (ver Hebreos 4:15). Él era consciente de la montaña rusa emocional que algunos experimentamos. Él supo lo que es ser tentado. No hay mayor ejemplo de quien poder aprender que Jesús.

Por lo tanto, cuando seas tentado (cuando mires al teléfono y sientas la urgencia de escribir algo que no deberías, cuando des otro trago, o juntes otro cargo en la tarjeta de crédito), sabrás que tienes opción. Puedes ceder o decir no.

Practica el resistir los ataques del enemigo para que hagas cosas que sabes que no están bien. Cuando seas tentado, rechaza la condenación de Satanás y pide la ayuda de Cristo para vencer.

ORA

Dios, la batalla contra la tentación es muy fuerte. A veces me siento demasiado débil para luchar. Te pido que tu fortalezca venga sobre mí y me dé el poder para alejarme cuando el enemigo intente seducirme. Perdóname por cualquier cosa que no sea de tu agrado. Ayúdame a mantenerme puro y enfocado en ti. Y gracias por el ejemplo de Jesucristo sobre la tierra que tuvo el poder para vencer las tentaciones del diablo. Estoy muy agradecido de que ese poder sea el mismo poder que vive en mí. Te lo pido en el nombre de Jesús. Amén

REFLEXIONA

¿Cuándo eres más vulnerable a la tentación? ¿Cómo puedes cuidar mejor esa área de debilidad para que te sea más fácil decir no, que ceder a la tentación?

ACTÚA

En la reflexión de arriba, deberías haber identificado algún área de debilidad en tu propia vida. La intención no es hacerte sentir culpable; todos tenemos debilidades. Después de reconocer las tuyas, identifica qué dice la Palabra de Dios sobre ese asunto… cómo nos llama a pensar, creer y comportarnos en esa área. Después, haz el compromiso de escoger lo que Dios dice y no lo que tú deseas. Cuando regrese la tentación, enfócate inmediatamente en Él, en sus caminos, y no mires (o pienses) en ninguna otra dirección. Cuanto más escojas sus caminos antes que los tuyos, más verás y cosecharás los beneficios, y más fácil te resultará decir "no" al enemigo y "sí" a Dios.

ATENTO A TU CARÁCTER

El que camina en integridad anda confiado; Mas el que pervierte sus caminos será quebrantado.
—Proverbios 10:9 (RVR 60)

Se puede decir que Bobby Jones es uno de los mejores golfistas de la historia, y alguien de quien probablemente nunca has oído hablar. Es el único golfista que ha conseguido el Grand Slam del golf: ganar los cuatro torneos profesionales de golf en el mismo año. Jones nunca llegó a ser profesional. Se quedó en la categoría amateur toda su carrera.

Jones era conocido no solo por su talento en el golf sino también por su integridad. Durante el U.S. Open de 1925, Jones hizo que su bola de golf se moviera accidentalmente.

Era un castigo de un golpe. Nadie lo vio, así que técnicamente nadie podía reclamárselo. Aun así, Jones no necesitó que nadie le dijera lo que tenía que hacer. Él mismo se puso la falta. Este gesto tan honesto le costó la victoria, y perdió el partido por un golpe. Aunque Jones recibió elogios por su acto de integridad, su respuesta fue: "Solo hay una manera de jugar. Podrían elogiar también a un hombre por no robar un banco".[3] Jones pudo haber ganado el partido, pero habría perdido su integridad en el proceso. Al hacer lo correcto, este hombre también protegió el honor de este deporte.

El carácter es importante. Dios no está tan interesado en tu talento, en tu cuenta bancaria, o en cuántos versículos de la Biblia pones en las redes sociales, como lo está en tu carácter. Los vencedores entienden la importancia del buen carácter. No se trata de lo que aparentamos cuando todos nos están viendo, sino de quiénes somos cuando nadie nos ve.

Si quieres vencer el temor, la depresión, la ansiedad y la adicción, tienes que ser el mismo tanto en la oscuridad como en la luz. Al igual que David, tienes que derrotar a tu propio león y oso antes de poder ir a derrotar a Goliat en público. Si puedes vencer en la oscuridad de tu vida, tras las puertas cerradas, será solo cuestión de tiempo hasta que una gran victoria se manifieste abiertamente donde todo el mundo lo vea. Ese es tu carácter.

Debe haber un llamado al carácter si quieres vencer en un mundo que abruma. Sé el mismo en la oscuridad que en la luz, sé el mismo en casa que en el trabajo, deja que tu carácter hable por ti, y pelea la buena batalla cuando nadie está mirando. Entonces, cuando todos *estén* mirando, ¡estarás en disposición de ganar!

Vigila tu carácter. Cumple tu palabra. Ocúpate de tus responsabilidades. Si dices que vas a hacer algo, hazlo. Si das cierta imagen en público, asegúrate de que sea igual que la que tienes en privado.

ORA

Padre celestial, confieso delante de ti las veces que he fallado y he estado alejado de tu gloria. Ayúdame a caminar en espíritu y en verdad cada día, a ser conformado a tu espíritu y no a lo que la sociedad o la cultura nos dicta. Quiero ser una persona de integridad. Quiero vivir de una forma que sea agradable a ti. Ayúdame a hacerlo. Gracias por ser fiel conmigo cuando yo no he sido fiel contigo. Te lo pido en el nombre de Jesús. Amén

REFLEXIONA

¿Qué aspecto tienen tus redes sociales? ¿Qué dice eso de tu carácter?

ACTÚA

Para lograr el reto de tomar decisiones con un balance saludable de lo que otros piensan de ti y el valor que les das a las cosas que quieres, escribe una declaración de misión para tu vida. ¿Qué papeles cumple tu vida, y cómo sientes que Dios te ha llamado a llevarlos a cabo? Escríbelo. Después, a medida que lleguen las oportunidades y las decisiones a tu vida, sopesa esos pensamientos y decisiones en base a tu declaración de misión antes de pasar a la acción.

ATENTO A TU CASA

Porque yo sé que mandará a sus hijos y a su casa después
de sí, que guarden el camino de Jehová,
haciendo justicia y juicio, para que haga venir Jehová
sobre Abraham lo que ha hablado acerca de él.
—Génesis 18:19 (RVR 60)

La Biblia nos dice que Lot, el sobrino de Abraham, fue secuestrado en una ocasión. El padre de Lot, hermano de Abraham, había muerto y por eso Abraham adoptó a Lot como si fuera su propio hijo. Cuando Lot fue capturado por cinco ejércitos enemigos, Abraham sabía que, si intentaba coordinar un intento de rescate, sería superado en número. Pero aun así lo hizo. Abraham estuvo dispuesto a pagar cualquier precio para recuperar a su sobrino, y con la gracia de Dios, su plan funcionó.

Abraham creyó, invirtió y luchó por su familia. No conozco las dinámicas de tu familia, pero conozco la importancia de vigilar tu casa. No seas un mero observador. Comprométete a estar presente y a ser intencional para guiar y servir a los que amas.

Quiero darte cinco maneras de ser un guía vigilante en tu familia y ayudarlos a tener éxito.

1. **Comunícate abiertamente y expresa amor a tus seres queridos.** Dios sabe que, como padres, cometemos errores. Pero no podemos hacer cosas que echen a perder a nuestros hijos si ellos saben que su mamá y su papá se aman y están comprometidos el uno con el otro. Los hijos también necesitan nuestra afirmación parental. Si no obtienen la afirmación de ti, ¡irán a conseguirla de cualquier otra persona!

2. **Establece, comunica y fija límites.** Tenemos que enseñar a nuestros hijos qué son los límites. ¿Cuál es la norma de tu casa? ¿Cuáles son tus límites? ¿Qué reglas has establecido para tus hijos e incluso para ti mismo? Prepara el camino para lo que se tolerará y lo que no, y asegúrate de que tanto tú como tu cónyuge estén de acuerdo.

3. **Comprométete con el proceso.** Solo porque uno de tus hijos se ponga como loco y sea un terremoto ahora mismo, debes saber que no va a ser así toda su vida. Sé paciente y deja que el Señor complete su obra en él.

4. **Pon a Jesús por encima de todo.** Invita la presencia de Jesús a tu hogar todo el tiempo… incluso en las cosas pequeñas. Reconócelo en cada comida, mediante actitudes de agradecimiento, al leer la Biblia juntos y al orar como familia.

5. **Lidera con el ejemplo.** Enseñamos mediante lo que nuestros hijos nos ven hacer en la vida real. Mis hijos aprenden sobre el perdón cuando ven que meto la pata y pido perdón. No te limites a predicarles; vive lo que dices.

No te preocupes tanto por los horarios y las rutinas, ni te abrumes tanto con las responsabilidades (¡sé que son muchas!), de modo que tu prioridad de amar y servir a tu familia quede relegada a un segundo plano. ¡Estate atento a lo que está sucediendo en tu casa!

ORA

Amado Señor, no siempre he liderado a mi familia de la manera correcta ante tus ojos. Perdóname por no estar atento a lo que sucede bajo mi propio tejado. Ayúdame a comprometerme a ver a nuestra familia tener éxito y seguirte. Quiero ser un ejemplo para mis seres queridos. Oro pidiendo tu bendición y protección sobre nuestra casa. Sé compasivo con nosotros. Muéstranos tu favor y danos tu paz. Te lo pido en el nombre de Jesús. Amén

REFLEXIONA

¿Qué hábitos has establecido en tu familia que fomenten la guía de Dios y el liderazgo de un hogar y un estilo de vida espirituales?

ACTÚA

Planifica una salida nocturna con tu cónyuge para conversar y decidir tres de los valores más importantes que quieran establecer juntos en su familia. Hablen sobre cómo los implementarán en su vida familiar, escríbanlos, y después busquen un modo de compartirlos con sus hijos durante una noche familiar. Los valores conducen a las acciones, y las acciones repetidas se convierten en hábitos.

MIRA LAS OFENSAS COMO OPORTUNIDADES

Es imposible que no vengan tropiezos.
—Lucas 17:1

Hay una historia que se cuenta sobre Muhammad Alí, el que fuera campeón de los pesos pesados de boxeo y uno de los deportistas más famosos del siglo XX. Él se encontraba en un avión, y la azafata observó que no se había abrochado el cinturón de seguridad. Con firmeza y amabilidad, le pidió por favor que se lo abrochara. Alí rehusó a pesar de las persistentes demandas de la azafata. Finalmente, el campeón exclamó:

"*Superman* no necesita cinturón de seguridad". ¿La respuesta de la azafata? "Y *Superman* tampoco necesita un avión".

Nadie es *Superman*. Nadie es la Mujer Maravilla. Todos tenemos vulnerabilidades y debilidades. Todos somos susceptibles de que nos hieran y ofendan. De hecho, Jesús dijo a sus discípulos en Lucas 17:1: "Es imposible que no vengan tropiezos". De una forma o de otra, todos vamos a recibir ofensas, heridas, insultos, traiciones, engaños, vergüenza, o vamos a perder nuestro orgullo.

Como las ofensas son una realidad sobre la que ya estamos advertidos en la Biblia, tenemos que pensar en ellas con otras lentes. Pongamos, por ejemplo, la siguiente sugerencia: ¿Sabías que los aviones despegan con el viento en contra? La resistencia los hace elevarse y los levanta del suelo rápidamente. Quiero pensar en las ofensas como una oposición que funciona del mismo modo. Ninguno de nosotros quiere que lo hieran o traicionen, pero a veces las cosas malas que nos suceden pueden aportarnos algo bueno.

En el Día 2 hablé de que todos deberíamos esforzarnos por emular la vida de Jesús. Tan solo piensa en la cantidad de veces que Él pudo haberse ofendido. Lo criticaban continuamente. Sus enemigos lo llamaron borracho y glotón (ver Mateo 11:19). Fue acusado de estar poseído por un demonio (ver Juan 8:48). Incluso los más cercanos a Él lo traicionaron. Sin embargo, Jesús nunca permitió que la amargura o el desánimo lo derrotaran. Usó las ofensas para demostrar gracia, para sanar, para amar, para perdonar.

Aunque el enemigo querría que las heridas de la vida te destruyan, tanto a ti como tu alma, tu adoración, tu gozo, tu sueño, tu matrimonio y tu familia, Dios tiene un plan distinto. Isaías 53:5 nos dice que Jesús fue herido por nuestros pecados. Anota las dos palabras clave de esta frase: Pero él fue *herido* por nuestros *pecados*. ¿Podría ser que las ofensas con las que estás lidiando sean una oportunidad para ayudar a alguien más adelante en el camino? ¿Podría ser que el infierno que estás viviendo hoy sanará a alguien mañana?

Cuando alguien difunda un rumor sobre ti, traicione tu confianza o te rompa el corazón, recuérdate a ti mismo que Dios es bueno, y puede usar lo que te pueda parecer como la mayor oposición del mundo y convertirla en tu oportunidad más grande.

ORA

Señor, a veces las dificultades y el ajetreo de la vida limitan mi capacidad para procesar las ofensas que enfrento. Ayúdame a frenar el ritmo y ver a través de tu corazón, de tus ojos y de tus oídos para no endurecerme y quedarme atascado. Quiero minimizar mis ofensas y darme la capacidad de verte obrar para hacer que las cosas malas

*en mi vida sean para bien y para tu gloria. Te lo pido en
el nombre de Jesús. Amén.*

REFLEXIONA

Piensa en la última vez que convertiste una ofensa en una oportunidad. ¿Cuál fue el resultado? ¿Cómo te motiva eso a hacerlo una y otra vez?

ACTÚA

¿Necesitas ayuda para vencer las ofensas? Aquí tienes algunos consejos que te ayudarán a lograrlo:

1. **No busques venganza.** Dios te vengará. "No busquemos vengarnos, amados míos. Mejor dejemos que actúe la ira de Dios, porque está escrito: «Mía es la venganza, yo pagaré, dice el Señor»" (Romanos 12:19).

2. **No te dejes llevar por la ira.** "Por esto, mis amados hermanos, todo hombre sea pronto para oír, tardo para hablar, tardo para airarse; porque la ira del hombre no obra la justicia de Dios" (Santiago 1:19-20 RVR 60).

3. **Perdona a los que te hayan ofendido.** No se trata de llevar un registro, sino de perder la cuenta. "Entonces se le acercó Pedro y le dijo: «Señor, si mi

hermano peca contra mí, ¿cuántas veces debo perdonarlo? ¿Hasta siete veces?» Jesús le dijo: «No te
digo que, hasta siete veces, sino hasta setenta veces
siete»" (Mateo 18:21-22).

4. **No te rindas.** Jesús dijo: "En el mundo tendrán aflicción; pero confíen, yo he vencido al mundo" (Juan
16:33). Nunca te olvides del Vencedor que vive en ti.

ES IMPERDONABLE NO PERDONAR

Si ustedes perdonan a los otros sus ofensas, también su
Padre celestial los perdonará a ustedes.
Pero si ustedes no perdonan a los otros sus ofensas,
tampoco el Padre de ustedes les perdonará sus ofensas.
—Mateo 6:14-15

Mateo 18 narra una parábola que contó Jesús a sus discípulos cuando Pedro le hizo una pregunta sobre el perdón.

Había un siervo que le debía diez mil talentos a su amo. Según los eruditos, un talento en ese tiempo era el equivalente a mil dólares hoy día, lo cual supone una deuda de un total de diez millones de dólares. El siervo le rogó misericordia. Movido a compasión, el rey accedió a perdonar la deuda y dejar en libertad al siervo. Así como la autoridad más alta del reino perdonó a un siervo, Jesús, mediante la cruz, perdona nuestra deuda. Pero ese no es el final de la historia.

El mismo siervo que acababa de recibir el perdón de su deuda se cruzó con otro siervo que le debía algo de dinero. En lugar de demostrarle el mismo nivel de misericordia que acababa de experimentar, el primer siervo tomó al hombre por la garganta, le exigió que le devolviera su dinero de inmediato, y al final lo metió en la cárcel por la deuda que tenía. El rey escuchó lo sucedido y se quedó perplejo. Llamó al primer siervo de nuevo a su palacio y dijo: "Siervo malvado, yo te perdoné toda aquella gran deuda, porque me rogaste. ¿No debías tú tener misericordia de tu consiervo, como yo la tuve de ti?" (Mateo 18:32-33). El rey estaba muy enojado, así que le retiró su oferta de misericordia y metió al malvado siervo en la cárcel.

Debería atenazar nuestro corazón saber que Dios nos ha perdonado tanto; y sin embargo a menudo nos aferramos a ofensas insignificantes de los que llamamos amigos. Tal vez nunca olvidamos el dolor que otros nos han causado, pero podemos perdonarlos y seguir adelante. El resentimiento al que nos aferramos nos causa más dolor que la persona que nos hirió.

Lo más importante es que Jesús dijo que es imperdonable no perdonar. Si te niegas a perdonar a otro, Dios no te perdonará. ¿Necesitas que Dios te perdone por algo? Si miras en tu interior, como eres humano, ¡seguro que sí! ¡Yo también lo necesito! Somos seres humanos con una naturaleza pecaminosa y con necesidad de un Salvador.

Perdona a los que te han agraviado, traicionado, maldecido, abusado, herido, abandonado, robado, o a los que fueron infieles contigo. Todos cargamos con deudas que no podemos pagar. Así como Dios por medio de Cristo Jesús nos ha perdonado, debemos también extender la misma gracia a otros.

ORA

Señor, gracias por morir en la cruz por mí y por volver a la vida para que yo pudiera vivir una vida plena en la tierra y para siempre contigo en la eternidad. Perdóname cuando no perdono a otros. Elimina de mí la carga de la amargura. Ablanda mi corazón y mi espíritu para amar a otros como tú lo haces. Ayúdame a perdonar a los que me ofenden, especialmente cuando el perdón no me sale de forma natural o con facilidad. Te lo pido en el nombre de Jesús. Amén.

REFLEXIONA

¿Cuánto te cuesta perdonar a otros y soltar las cosas?

ACTÚA

Lee Salmos 139:23-24 (NTV): "Examíname, oh Dios, y conoce mi corazón; pruébame y conoce los pensamientos que me inquietan. Señálame cualquier cosa en mí que te ofenda y guíame por el camino de la vida eterna". Pasa un tiempo en oración y pídele a Dios que te muestre si hay falta de perdón en tu corazón. Ahora es el momento de perdonar.

Dile a Dios lo que sucedió. Cuéntale cómo te hizo sentir. Después, pide a Dios que te perdone por la amargura o el resentimiento. Pídele que te perdone por aferrarte al peso del rencor durante tanto tiempo. Entonces, extiende el perdón a la persona que te hirió. A veces es apropiado hacerlo en persona, y otras veces está bien hacerlo en tu corazón. Considera reunirte con un terapeuta profesional si el proceso de perdón ha desenterrado heridas de antaño en tu vida que aún no habían sanado.

COMIENZA A PERDER LA CUENTA

Por lo tanto, como escogidos de Dios, santos y amados,
revístanse de entrañable misericordia,
de benignidad, de humildad, de mansedumbre y de
paciencia. Sean mutuamente tolerantes.
Si alguno tiene una queja contra otro, perdónense de la
misma manera que Cristo los perdonó.
—Colosenses 3:12-13

Desde que era un niño, las matemáticas nunca se me han dado bien. Nunca he sido bueno en ello. Incluso hoy, si estoy pagando una comida en un restaurante y la propina no está incluida en la cuenta, lo mejor es que la persona con la que estoy comiendo se pida un postre y café porque tardaré un rato en calcularlo. La Biblia puede ser una gran tutora de matemáticas cuando se trata de cuántas veces tenemos que perdonar. Nos dice exactamente qué hacer con esa cuenta cuando se trata de amar y perdonar a los que nos han ofendido.

Pedro le preguntó a Jesús: "Señor, si mi hermano peca contra mí, ¿cuántas veces debo perdonarlo? ¿Hasta siete veces?" (Mateo 18:21). Sin duda, Pedro estaba tratando con una persona difícil que realmente estaba probando su paciencia; quizá una esposa molesta, una vecina entrometida, o un compañero de pesca deshonesto. Vemos en las Escrituras que Pedro era un hombre muy impaciente y con mal genio. Perdonar seis veces era mucho para un hombre con su temperamento. Apuesto a que en su mente siete veces era una cifra *realmente* generosa. Pero no según Jesús.

"No te digo que, hasta siete veces, sino hasta setenta veces siete", respondió Jesús (ver Mateo 18:22). En otras palabras, perdona, y después vuelve a perdonar. Y otra vez. Y otra. Y otra.

A muchos nos cuesta perdonar. En lugar de soltar las ofensas, nos aferramos a ellas con fuerza. Añadimos palabras y acciones que nos dijeron hace años atrás. Compilamos heridas, y nos aferramos a ellas durante mucho tiempo en nuestra mente. Las convertimos en absolutos matemáticos, y en el proceso, invitamos a que la falta de perdón entre en nuestro corazón. Una vez dentro, se asienta, se infecta, y a menudo, al igual que un tumor, crece.

Jesús nos dijo que si queremos ser personas que perdonan, no podemos llevar la cuenta; debemos perder la cuenta. Si tuvieras que perdonar a alguien 490 veces al día, equivaldría a perdonar una ofensa cada dos minutos. Es algo continuo.

El perdón es poderoso. Libera el Espíritu de Dios. Es la llave que abrirá las puertas del cielo y nos traerá paz, bendición y gozo. Jesús dijo: "De cierto les digo que todo lo que aten en la tierra, será atado en el cielo; y todo lo que desaten en la tierra, será desatado en el cielo" (Mateo 18:18). Tú puedes partir por la mitad el infierno al extender perdón a otros.

Los vencedores perdonan. Comienza hoy a dejar de contar y empieza a perder la cuenta.

ORA

Padre celestial, gracias por morir en la cruz por mí y por perdonar todos mis pecados. Recuérdame cada día tu continua gracia y misericordia para que pueda vivir en un espíritu de perdón, al margen de que lo sienta o no. Enséñame a olvidarme de las matemáticas cuando se trata del perdón. Ayúdame a conocer bien la paz y la libertad que vienen con el perdón para que pueda perdonar una y otra vez. Te lo pido en el nombre de Jesús. Amén.

REFLEXIONA

¿Cuánto te ha perdonado Dios en tu vida?

ACTÚA

Piensa en dos maneras en las que puedas desarrollar un estilo de vida de perdón (por ejemplo, cambiar tu actitud o recordarte diariamente alguna verdad bíblica). ¡Y después hazlo!

MIRA A JESÚS

Cuando llegan las tormentas, la clave está en no fijar tus ojos en las olas o en el viento, sino fijar tus ojos en Jesús. Él nos dijo en Mateo 24:6: "pero no se angustien". No es el momento de entrar en pánico o de meterse debajo de una roca a esperar que Jesús regrese mañana. Tu tarea ahora mismo es seguir mirando a Jesús, el autor y consumador de nuestra fe.

UN REMEDIO PARA EL DESÁNIMO

*Dense cuenta de que el Señor su Dios les ha entregado la
tierra. ¡Adelante! Tomen posesión de ella,
conforme a la promesa del Señor, el Dios de sus
antepasados. ¡No teman ni desmayen!*
—Deuteronomio 1:21

En la escena de apertura del clásico navideño *Qué bello es vivir* se nos presenta al protagonista principal, George Bailey, a medida que un montón de amigos y familiares suyos levantan oraciones al cielo por él. Estas oraciones captan la atención de dos ángeles llamados Joseph y Franklin, y deciden enviar a la tierra a un ángel novato, Clarence, para ayudar a George Bailey. Mediante la conversación con los ángeles sabemos que George Bailey no está enfermo, sino que, según Joseph, es mucho peor. "Está desanimado. A las 10:45 exactamente, horario de la tierra, ese hombre estará pensando seriamente en deshacerse del mayor regalo de Dios".[1]

Como uno nunca está derrotado hasta que esté derrotado por dentro, el diablo sabe que lo más grande que puede usar contra el creyente es el desánimo.

No te avergüences si te sientes desanimado. El desánimo golpea a todos, por muy buenos que sean. Juan el Bautista llegó hasta el punto de estar devastado no solo porque lo habían metido en la cárcel, sino también porque quería que Jesús le asegurase que estaba haciendo lo correcto.

Aunque es una respuesta natural que todos enfrentamos de vez en cuando, hay un peligro todavía mayor al permitir que este sentimiento acampe en nuestra mente. En cuanto nos desanimamos, estamos ante la difícil decisión de saber qué hacer. El desánimo hace que queramos abandonar, dar media vuelta, irnos, e inmediatamente cuestionamos todas las decisiones que hemos tomado para llegar donde estamos. Está bien sentirse desanimado, pero la manera en que respondas al desánimo depende de ti.

En Números 21:3 la Biblia narra la derrota de los cananeos a manos de los israelitas. Dios había intervenido y entregado al enemigo en sus manos. Sin embargo, en el versículo siguiente vemos que el pueblo de Dios aborrecía su viaje hacia la Tierra Prometida:

> *Después los israelitas partieron del monte Hor, en dirección al Mar Rojo, para rodear la tierra de Edom, y en el camino el pueblo se desanimó.* (v. 4)

Su queja obligó a Dios a enviar serpientes furiosas a su paso, que les mordían.

Cuando el pueblo se humilló y le pidió perdón a Dios, Él le dio el remedio a Moisés para el desánimo. Dios le dijo a Moisés que hiciera una serpiente de bronce, la pusiera en un poste y la elevara, y todo el que fuera mordido por una serpiente sería sanado tan solo con mirar la serpiente en el poste.

Hoy sabemos exactamente a quién envió Dios para que pudiéramos mirarlo. Al margen de lo que estés viviendo, debes mirar hacia arriba. Debes mirar a Jesús para que te ayude. En lugar de estar conmocionados, debemos llegar al punto de mirar arriba. Que esta sea tu primera respuesta cuando sientas que el desánimo se está infiltrando en tu vida.

ORA

> *Señor, algunos días me parece que no puedo más. Creo en ti y te amo, pero estos desafíos me hacen estar abatido. Por favor, dame la fuerza para superarlo y la sabiduría para saber qué hacer. En medio de la tormenta, que mis ojos se fijen en ti. Gracias por ser mi roca y mi fortaleza. Tú eres digno de toda alabanza. Te lo pido en el nombre de Jesús, Amén.*

REFLEXIONA

Se necesita valor para admitir que estamos desanimados. A muchas personas les resulta difícil admitir su desánimo ante los demás. ¿Por qué los creyentes no deberían tener miedo a admitir que batallan con esto?

ACTÚA

Una de las mejores maneras de mirar a Jesús cuando llega el desánimo es alabarle y adorarle. Pon algo de música y empápate en su presencia. Que la alabanza sea tu estrategia. Podrías estar tan solo a un "aleluya" de tu momento de cambio.

MANTENTE ENFOCADO

Dirige la mirada hacia adelante; fíjate en lo que tienes
delante de tus ojos. Piensa qué camino vas a seguir, y
plántate firme en todos tus caminos. Apártate del mal.
No te desvíes ni a la derecha ni a la izquierda.
—Proverbios 4:25-27

Tino Wallenda es la sexta generación de funambulistas, artistas de circo que caminan por la cuerda floja sin usar redes de seguridad, en la familia Wallenda. Conocidos como The Flying Wallendas, su familia aparece en el libro Guinness de los récords mundiales por su pirámide de ocho personas sobre la cuerda floja. Tino ha conseguido algunos hitos impresionantes. Caminó por la cuerda floja entre edificios altos, el más alto de ellos el Denver D&K Tower, a una altura de 57 metros. Anduvo hasta la torre desde una grúa que se fijó a un kilómetro de distancia. También caminó sobre la cuerda floja por encima de ríos, cataratas, tigres, y una vez sobre una piscina con más de cincuenta grandes tiburones.

El abuelo de Tino, Karl Wallenda, que cruzó las cataratas de Tallulah Falls y realizó dos pinos con la cabeza en medio del recorrido, le enseñó a Tino a mantener el equilibrio sobre la cuerda. Lee lo que Tino dice de su abuelo:

> Lo más importante que me enseñó fue a enfocarme en un punto fijo al final de la cuerda y a no perder nunca la atención. Una y otra vez, taladró en mi cabeza dura la importancia de mantener el equilibrio enfocándome en este punto fijo. Esa lección me ha salvado del desastre sobre la cuerda floja muchas veces en mi carrera, pero también me ha ayudado en mi vida cotidiana.[2]

En cuanto la vida empieza a abrumarnos, tendemos a dejar de mirar a Jesús y a enfocarnos en el problema. Al enemigo le encanta cuando hacemos eso. La distracción es una de sus estrategias favoritas. Satanás no quiere que fijes tus ojos en Jesús; quiere distraerte de él.

Cuando Jesús estaba en el desierto ayunando durante cuarenta días, Satanás le ofreció distracciones para intentar apartarlo del propósito de Dios. El diablo se acercó a Él y le dijo que había una manera más fácil, que no tenía que pasar todo ese tiempo orando. «Si eres Hijo de Dios, di que estas piedras se conviertan en pan», le dijo Satanás a Jesús (ver Mateo 4:3).

¿Cuál fue la respuesta de Jesús? Dijo: "Escrito está: No sólo de pan vive el hombre, sino de toda palabra que sale de la boca de Dios" (Mateo 4:4). Ni siquiera Jesús era inmune a las distracciones de este mundo, pero en su caso, contrariamente a aquello con lo que el diablo intentó tentarlo, Él escogió mantenerse enfocado en la verdad de que el pan y las cosas materiales no son el único propósito de la vida.

¿Qué te está distrayendo hoy de enfocarte en Jesús, en la Palabra de Dios, en la oración y en creer las promesas de Dios en lugar de preocuparte por tu trabajo (o la falta del mismo), la conducta de tu hijo en la escuela, o la adicción que corroe por dentro tu falsa sensación de control?

Deja de permitir que tu enfoque se mueva en la dirección en que vaya el viento. ¡Mira a Jesús!

ORA

Dios del cielo, me ha resultado difícil evitar permitir que las distracciones de la vida tomen el control de mi enfoque. Las distracciones aprendidas y los desafíos que me encuentro que me parecen demasiado difíciles de manejar, me distraen de mirarte a ti. Afirma mi espíritu y centra mi alma en ti. Tú eres el Pan de vida, mi sustento, mi proveedor, mi sanador y el que me libera. Gracias por estar siempre a mi lado. Te lo pido en el nombre de Jesús. Amén.

REFLEXIONA

¿Cuáles son las dos cosas que están desestabilizando tu mirada para que no se mantenga fija en Jesús?

ACTÚA

Piensa en tu respuesta a la pregunta de arriba. Ahora, lee Filipenses 3:13-14:

Hermanos, yo mismo no pretendo haberlo alcanzado ya; pero una cosa sí hago: me olvido ciertamente de lo que ha quedado atrás, y me extiendo hacia lo que está adelante; ¡prosigo a la meta, al premio del supremo llamamiento de Dios en Cristo Jesús!

Durante los próximos seis días, presta atención a dónde es atraído tu enfoque. Si te das cuenta de que estás pasando más tiempo comprando en línea, preocupándote por algo que no puedes controlar, o atascado en cualquier rutina mecánica, medita en este versículo y decláralo sobre tu vida en oración. Pídele ayuda a Dios para que redirija tu atención a Él y te ayude a avanzar hacia la meta de vivir por Jesús y para servirlo.

INSTRUCCIONES DIVINAS

La paz les dejo, mi paz les doy;
yo no la doy como el mundo la da.
No dejen que su corazón se turbe y tenga miedo.
—Juan 14:27

Marcos 6 nos da un relato de Jesús mientras terminaba de enseñar a las multitudes en la orilla. Les pidió a los discípulos que se subieran a la barca y fueran al otro lado. En el trayecto desde donde estaban hasta donde estarían, se vieron en el punto de mira de una enorme tormenta. Ahí estaban, afanándose con todas sus fuerzas por no hundirse, y después remando con todas sus fuerzas a medida que las olas azotaban contra su barca y la lluvia calaba sus huesos.

El último lugar donde los discípulos y nosotros queremos estar, es en medio de una tormenta. A fin de cuentas, solo minutos antes de la instrucción de Jesús de subir a la barca y cruzar el lago, había realizado el milagro de la multiplicación de los cinco panes y los dos peces para alimentar a cinco mil personas. Ellos vieron cómo esa escasa cantidad inicial de comida alimentaba a toda una multitud, ¡y con sobras para guardar!

La versión Reina-Valera 60 dice que "hizo" que los discípulos fueran a la otra rivera (ver Marcos 6:45). Es un imperativo fuerte. Jesús no les dio opción. Observemos que no estaban en la tormenta porque hubieran metido la pata, ni estaban ahí por casualidad o porque se vieran presionados por uno de los suyos. Jesús les hizo ir a la otra rivera. En otras palabras, estaban ahí por instrucciones divinas.

No mucho después de obedecer la voz de Jesús, la lluvia comenzó a caer. ¿Te suena familiar? La tormenta iba en aumento y aparecieron los relámpagos. Se habían adentrado en el lago unos cinco kilómetros y no tenían un motor o manera alguna de salir rápidamente. Estaban luchando con lo poco que tenían, un par de remos de madera, cuando comenzó a diluviar sobre ellos. "¡Podíamos haber perdido la vida!".

Juan 10:10 dice: "El ladrón no viene más que a robar, matar y destruir" (NVI). Esta es una guerra espiritual. Estamos en una batalla real por nuestra alma, por nuestras familias, por nuestras victorias… ¡por todo! Cuando naciste de nuevo, no solo te convertiste en enemigo del reino de las tinieblas; el diablo no juega limpio. Aun así, ten por cierto que incluso en una tormenta estás exactamente donde Dios quiere que estés.

Las tormentas no llegan solo para echarnos al olvido. Cuando Dios permite que pases por una tormenta severa y salgas al otro lado, consigues una perspectiva que la gente que está sentada en la orilla nunca verá. Consigues una apreciación, una fe, un entendimiento o revelación, e incluso una intimidad que no puedes tener sin pasar por la prueba. Vas a ver algo que solo Dios puede mostrarte.

Simplemente no dejes de remar hasta que llegues al otro lado.

ORA

Señor, gracias porque incluso en el momento más oscuro, cuando el viento ruge y las olas se levantan, tú sigues ahí conmigo. Sé que la situación en la que estoy no te sorprende; y aunque sienta que no tengo ni idea de lo que estoy haciendo o cómo llegaré al otro lado, tú lo tienes todo bajo control. Gracias por sostenerme en la palma de tu mano. Te lo pido en el nombre de Jesús, Amén.

REFLEXIONA

Recuerda alguna ocasión en la que una tormenta probó tu fe. Nombra tres cosas que aprendiste de esa experiencia.

ACTÚA

¿En qué tormenta te encuentras ahora? Haz una investigación del problema que está en el centro de tu tormenta en una página web o app de búsqueda de la Biblia. Lee los versículos o pasajes que aparezcan en tu búsqueda, después ora y pídele al Señor que te muestre cuál de esos versículos se ajusta mejor a tu situación. Memorízalo. Ahora, cada vez que te veas tentado a sentirte desanimado en medio de tu tormenta o por ella, repite tu versículo de esperanza y promesa de parte de Dios para ti.

JESÚS ESTÁ SIEMPRE AHÍ

No te desampararé, ni te abandonaré.
—Hebreos 13:5

Cuando fui por primera vez a Israel y estuve de pie ante el famoso mar de Galilea, pensé que el autobús se habría equivocado. No era un mar como yo me lo había imaginado, como el Océano Atlántico o Pacífico, con un horizonte interminable de agua y sin tierra a la vista. Con veinte kilómetros de largo y doce de ancho, el mar de Galilea parecía más un gran lago. Tal vez se le llama mar por las olas de alrededor de un metro que se crean cuando se producen tormentas repentinas que a veces sacuden el agua. Las tempestades llegan cuando las masas de aire más frío de las montañas circundantes chocan con el aire caliente que hay encima del lago. Fuertes vientos también pueden soplar desde los altos del Golán al oriente.

La misma tormenta en la que se encontraron los discípulos en el devocional de ayer se narra también en Mateo 14. En este texto, dice que Jesús se apartó solo a la montaña, para orar (ver versículo 23). Horas después, alrededor de las 3:00 de la mañana, Jesús acudió a ellos caminando por el agua.

Me pregunto lo abandonados que debieron sentirse los discípulos mientras estaban en la barca y Jesús estaba en la montaña. Solos, abandonados, asustados… seguro que debieron sentir incertidumbre. *¿Dónde está Jesús? ¿Por qué nos manda venir aquí? ¿Por qué no vino con nosotros?*

Nosotros nos hacemos las mismas preguntas cuando el médico nos da malas noticias o las responsabilidades de cuidar de nuestros hijos y de nuestros padres ancianos agotan nuestras energías y nuestros recursos. Quiero animarte hoy recordándote que, cuando no puedes ver a Dios, Él sí puede verte. Él se fija en las personas que siguen remando en la tormenta. Él ve a los que están siendo sacudidos por las olas. Nuestra incapacidad de verlo a Él no altera su capacidad de vernos. Él ve lo mucho que nos estamos esforzando. Él lo ve todo. Puedes tener por seguro que, cuando no entiendes nada, Dios está tramando algo.

Para cuando estés luchando con la incertidumbre durante las tormentas de la vida, quiero darte tres cosas que puedes saber:

1. **Dios trabaja.** Aunque no puedas verlo, Él está ocupado entre bambalinas. Él no se ha retirado ni se ha mudado. Él es incesante, incansable, y nunca deja de trabajar. "Mi Padre hasta ahora trabaja, y yo trabajo" (Juan 5:17 RVR 60)

2. **Dios obra para el bien de los que le aman.** No para nuestra comodidad, placer o entretenimiento, sino para nuestro bien. Después, nuevamente, como Él es *el* bien, ¿ibas a esperar algo menos que eso? "Ahora bien, sabemos que Dios dispone todas las cosas para el bien de los que lo aman, es decir, de los que él ha llamado de acuerdo a su propósito" (Romanos 8:28).

3. **Dios está contigo, siempre.** "Y yo estaré con ustedes todos los días, hasta el fin del mundo" (Mateo 28:20).

Aunque las tormentas de la vida a veces puedan parecer —y a veces lo son— impredecibles, abrumadoras y desafiantes, es posible ver dónde se encuentra Dios en ellas y es posible sentir paz mientras estamos en ellas. Recordarnos estas tres verdades ajusta nuestra visión y permite que encontremos su paz en medio de la tormenta.

ORA

Padre celestial, tu presencia es un regalo increíble. Gracias porque tú siempre estás conmigo, en cada circunstancia, al margen de cómo me sienta o lo que esté atravesando. Oro para que viva mi vida habitando continuamente en tu presencia. Refresca mi espíritu cuando soy débil. Revíveme cuando tropiezo. Que nunca dé por hecha tu fidelidad. Te lo pido en el nombre de Jesús. Amén.

REFLEXIONA

Piensa en una ocasión en tu vida cuando sentiste que Dios guardaba silencio cuando lo necesitabas a Él. Mirando atrás, ¿cómo puedes ver su fidelidad?

ACTÚA

Acuérdate siempre de dar la bienvenida a Jesús a tu barca. Él está cerca de ti. Hay un milagro a tu alcance. Agarra los remos de la fe y toma un momento para declarar victoria en tu tormenta ahora mismo. Declara fe sobre tu situación y sobre todos los afectados por esta o cualquier otra tormenta.

SAL DE LA BARCA

Porque por fe andamos, no por vista
—2 Corintios 5:7 (RVR 60)

Cuando la Biblia nos dice "por fe andamos, no por vista", observa que no nos dice que nos quedemos quietos. No nos dice que esperemos hasta que estemos listos, hasta que tengamos la estrategia perfectamente planificada, las direcciones correctas de dónde ir, o por supuesto, el destino final. Primero, nos dice que andemos, que actuemos. Después, es una cuestión de fe. Es probable que nunca vayamos a "sentirnos" listos porque la fe no se trata de sentimientos.

Cuando Jesús llegó con los discípulos después de haber batallado contra el viento, las olas y la lluvia toda la noche, los hombres vieron algo que les pareció un fantasma que caminaba por el agua. Era Jesús. Probablemente pensaron que estaban teniendo alucinaciones. Habían estado despiertos toda la noche, siendo zarandeados como los juguetes de un niño, pero Jesús enseguida calmó sus temores: "¡Ánimo! ¡Soy yo! ¡No tengan miedo!" (Mateo 14:27).

Al ver a Jesús, Pedro se creció en osadía, y le pidió a Jesús que ordenara que fuera con Él caminando sobre el violento mar. Jesús le dijo a Pedro que fuera, y el discípulo salió de la inestable barca. Me imagino la perplejidad que inundaba al hombre empapado mientras las agitadas olas se enredaban en sus pies, con la lluvia aún cayendo por ambos lados. A unos pocos pasos, el feroz aliento del viento casi le hizo perder el equilibrio. El temor atenazó su corazón, y Pedro comenzó a hundirse.

De inmediato, Jesús lo agarró y dijo: "¡Hombre de poca fe! ¿Por qué dudaste?" (versículo 31). Somos rápidos en apuntar con el dedo a Pedro por su falta de fe, pero Pedro fue el único discípulo que pasó a la acción. Pedro fue el que salió en fe ese día cuando él y los demás discípulos estaban en esa barca y Jesús acudió a ellos, andando sobre el agua. Otros once hombres también estaban ahí, pero solo Pedro aprovechó la oportunidad y salió de la barca. Los otros tenían demasiado miedo como para poder hablar, incluso aunque Jesús les había dicho quién era y los había animado a no tener miedo.

Y sucedió que, a los pocos minutos de comenzar a caminar sobre el agua, Pedro comenzó a hundirse. Lo mismo nos ocurre a menudo a nosotros cuando actuamos en fe. Eso no siempre es malo, ya que nos enseña a depender verdaderamente de Dios, paso a paso. Al margen de las veces que nos hundimos, yo prefiero ser un caminante mojado sobre el agua que un charlatán seco en una barca.

Toma nota: cuando Pedro quitó su enfoque de Jesús y comenzó a hundirse, Jesús estiró su mano y lo asió. Lo que Pedro no podía hacer por sí solo, Jesús lo hizo al acercarse a Él. Esto debería darte la confianza de un vencedor para salir de la barca ¡y comenzar a caminar!

ORA

Dios, tú no me has creado para vivir en un estado de miedo sino en un espíritu de fe. Contigo a mi lado, no hay necesidad de tener miedo de nadie ni de nada. Fortalece mi fe cuando mi creencia flaquee y recuérdame que contigo todo es posible. Te lo pido en el nombre de Jesús. Amén.

REFLEXIONA

¿Cómo maduras como cristiano desde ser guiado por tus sentimientos a ser obediente en fe?

ACTÚA

¿Hay algo que Dios te haya estado incitando a hacer, pero el miedo que has sentido ha sido tan grande que te ha impedido salir de la barca y caminar? Pasa tiempo orando sinceramente sobre eso. Sé honesto y dile a Dios exactamente lo que te retiene. Después, pídele el valor para salir de la barca. Acuérdate de que la mayoría de las veces no te "sentirás" tan valiente, pero recuerda que tener valor se paree a dar un primer paso de obediencia.

DÍA 14

UN CONSEJO PARA EL CAMINAR DIARIO

*Vengan a mí todos ustedes, los agotados de tanto
trabajar, que yo los haré descansar.
Lleven mi yugo sobre ustedes, y aprendan de mí, que soy
manso y humilde de corazón, y hallarán descanso para
su alma; porque mi yugo es fácil, y mi carga es liviana.*
—Mateo 11:28-30

En 1973, un escritor de viajes estadounidense llamado Peter
Jenkins salió de Alfred, Nueva York, para cruzar América con
su perro Cooper. Finalmente, su viaje terminó en Florence,
Oregón. La particular crónica de su viaje está registrada en dos
libros titulados *A Walk Across America* (Un viaje por América)
y *The Walk West* (El camino hacia el oeste). En el transcurso

de esos seis años encuentra nuevos amigos, reaviva su fe, se casa, llora la pérdida de su perro atropellado por un automóvil, realiza trabajos extraños para conseguir dinero para seguir recorriendo el país, y camina en climas tranquilos y engañosos, desde ventiscas hasta un calor sofocante. He escuchado decir que un reportero le preguntó en una ocasión si hubo alguna cosa en particular que le hiciera querer abandonar. No fue el mal tiempo, escalar montañas peligrosas o que le robaran, sino algo a una escala sorprendentemente más pequeña: la arena en sus zapatos.

Diminutos granos de arena. Cosas pequeñas, incómodas. Pienso en nuestro caminar con Jesús y lo que nos molesta en el largo caminar de fe. Por lo general, son las cosas diarias que tienden a apilarse cuando no tenemos cuidado. Como pasar menos tiempo con Dios. Priorizar los eventos sociales o las redes sociales, o un atracón de televisión en la noche en lugar de estudiar la Palabra. Tener una agenda llena de todo lo habido y por haber, incluidos los asuntos del Reino".

Son las pequeñas cosas las que nos causan preocupación, la cual finalmente se acumula hasta convertirse en una abrumadora ansiedad. Tentaciones cotidianas. Todas estas cosas pueden colarse en nuestros pies haciendo que nuestras caminatas sean más cortas, y más cortas, y más cortas... hasta que apenas si recordamos cuándo fue la última vez que estuvimos a solas con Dios.

En 2 Corintios 11, Pablo habla sobre que fue golpeado, tuvo un naufragio, le robaron, estuvo en peligro muchas veces, hambriento y sediento, y dice: "Además de todo esto, lo que cada día pesa sobre mí es la preocupación por todas las iglesias" (versículo 28). La presión diaria de todas las cosas se puede amontonar hasta llegar al punto de estar demasiado cansados como para seguir caminando.

Entonces, ¿qué hacemos? Entregar nuestras cargas a Jesús y dejar que Él las lleve. ¿Recuerdas en la última cena cuando Jesús lavó los pies de los discípulos? Él quiere hacer lo mismo contigo hoy. Quiere lavar de tus pies los granos de arena de temor, depresión, preocupación y ansiedad. para que puedas caminar diariamente sin abandonar.

¿Se lo permitirás hoy?

ORA

Dios, es tan fácil distraerse con una agenda ocupada, cansarse con las responsabilidades y dejarse llevar por la brevedad de mis días y la vida misma, que pierdo de vista mi primer amor… hacia ti. Perdóname cuando comprometo mi caminar diario contigo. Ayúdame a ser consciente de tu presencia cada día y de lo mucho que te necesito todos los días. Te lo pido en el nombre de Jesús. Amén.

REFLEXIONA

Si pasamos tiempo con Jesús o no, y la frecuencia con la que lo hacemos, nos revela si le estamos dando prioridad a Él. Por la evidencia de esto en tu vida, ¿dónde está Jesús en tu lista de prioridades?

ACTÚA

Nombra dos cosas que estás priorizando antes que Jesús. ¿Qué dos pasos prácticos puedes dar para poner a Jesús por encima de esas cosas? Comparte esta lista con un amigo y pídele que te ayude a cumplirlo preguntándote de vez en cuando cómo vas con ello.

ACUÉRDATE DE LOS PEDAZOS

Recuerden los primeros sucesos de antaño,
porque yo soy Dios, y no hay otro.
¡Nada hay semejante a mí!
—Isaías 46:9

¿Recuerdas lo que ocurrió antes de que los discípulos estuvieran en la tormenta en el mar de Galilea? Jesús alimentó a cinco mil personas con cinco panes y dos peces. Y quedaron muchas sobras. Apuesto a que los discípulos se llevaron a su barca parte de esos pedazos. Es probable que hubieran estado en el mar durante varias horas antes de que Jesús llegara a rescatarlos. En ese punto, imagino que las sobras, particularmente los peces, habrían empezado a oler. O tal vez los discípulos ya se los habían comido todos, con lo que tendrían los dedos grasientos al haber tocado los peces, y también apestarían. De cualquier forma, los discípulos tenían algún tipo de recordatorio del milagro del que habían sido testigos horas antes, aunque no se dieran cuenta.

Cuando los discípulos vieron a Jesús acercarse a ellos, con aspecto de fantasma sobre el agua, se quedaron aterrados. "pues todos lo vieron y se asustaron. Pero él enseguida habló con ellos y les dijo: "'¡Ánimo! ¡Soy yo! ¡No tengan miedo!' Al subir a la barca con ellos, el viento se calmó. Y ellos estaban muy asombrados. Más bien, su corazón estaba endurecido, *y aún no habían entendido lo de los panes*" (Marcos 6:50-52, énfasis del autor).

¿Por qué las sobras eran tan importantes? Jesús quería que, en su peligro actual, los discípulos se acordaran de lo que Él acababa de hacer por ellos en el último desafío que habían experimentado. Quería que supieran que Él no era solo el Dios de la orilla, sino que era también el Dios del mar y el Dios de la tormenta. Los discípulos no tenían razón alguna para dudar de Jesús.

A veces, tenemos que recordarle a nuestro presente cuál ha sido nuestro pasado. A veces, tenemos que agacharnos, recoger los pedazos y olernos los dedos. Tenemos que recordar que Dios es el mismo ayer, hoy y por los siglos (ver Hebreos 13:8). Él fue fiel entonces, es fiel ahora, y será fiel mañana.

Si quieres sobrevivir y superar las tormentas de la vida, debes recordar constantemente de dónde te trajo Dios. Cuando pienso dónde estaba yo y dónde me ha llevado Dios hoy, tengo más fe para creer que Él se ocupará de cada necesidad de mi vida. De hecho, nadie conoce tu historia como tú.

Si estás en medio de una tormenta ahora y no puedes ver más allá por su causa, recuerda cómo Dios ha sido fiel en el pasado. Recuerda cómo Dios te sanó, cómo te proveyó, cómo abrió (o cerró) una puerta, cómo te salvó, cómo te liberó, cómo te sacó de ese tiempo tan difícil, cómo te conectó con otros. Hoy, Jesús susurra a tus oídos, animándote a no cometer el mismo error que cometieron los discípulos. Aprende la lección de las sobras. Echa la vista atrás y recuerda lo que Él ha hecho por ti, y recuerda que Él no te fallará ni ahora ni nunca.

ORA

Dios, aunque en mi corazón creo que eres quien dices ser, a veces las dificultades de esta vida me abruman. Ese sentimiento me hace ser tentado a dudar, y a veces olvidar, lo que ya me has demostrado que es verdad. Señor, ayúdame a ver lo que tú ves, y dame más gracia cuando me resulte más difícil ver. Te lo pido en el nombre de Jesús. Amén.

REFLEXIONA

Pasa unos minutos pensando en la última vez que Dios obró un milagro a tu favor. ¿Qué cosa imposible sucedió? ¿Cómo te protegió o te proveyó?

ACTÚA

Recoger los pedazos ayuda a poner nuestra mente en una actitud de gratitud. Hay algo poderoso en ofrecerle a Dios nuestro agradecimiento. Si miras bien tu vida, si realmente quieres, encontrarás cien razones por las cuales ponerte a llorar ahora mismo. O puedes hacer lo contrario y encontrar diez mil razones por las que puedes sonreír. Depende de ti decidir en qué perspectiva te vas a enfocar. Escribe una lista de veinte cosas por las que estés agradecido con Dios. Sé específico.

TE ESTÁS ACERCANDO

Hijitos, ustedes son de Dios,
y han vencido a esos falsos profetas, porque mayor es el
que está en ustedes que el que está en el mundo.
—1 Juan 4:4

Las tormentas llegan para desanimarte y persuadirte a abandonar. Llegan, también, porque has atraído la atención de las fuerzas del mal. Muchas veces, este tipo de tormentas vienen solo cuando estás cerca de que suceda algo bueno. Es en momentos así cuando tienes que saber quién eres y de quién eres.

Tú eres más que tu límite de crédito, que tu código postal, que lo que hiciste o no hiciste. Como creyente, eres parte de un sacerdocio real. Eres cabeza y no cola, y estás encima y no debajo. Eres un vencedor.

Otra tormenta, distinta de la que he hablado, se cuenta en Marcos 4:35-41. Creo que la tormenta que Jesús sufrió, que esta vez sí estaba en la barca con sus discípulos, no era una tormenta natural sino demoniaca. Cuando Él se acercaba a la zona que ocupaban las fuerzas demoniacas, supo que estaba entrando en territorio enemigo. Los demonios de inmediato reconocieron quién era Jesús, y su mera presencia hizo que se produjera una reacción muy violenta en el mundo espiritual que provocó una tormenta incluso antes de que Él llegara a la orilla. Esta era una zona santa ocupada por alguien inmundo.

Cuando entras o te acercas a un territorio que ocupa el enemigo, el cual podría ser cualquier cosa desde tu escuela, tu oficina, o un vecino al que le estás dando testimonio, es un territorio que el enemigo piensa que le pertenece. Tu mera presencia, y la presencia que llevas (el Espíritu Santo), pueden crear una tormenta, una feroz oposición. Gózate porque estás más cerca que nunca de que te suceda algo bueno.

Una tormenta, por lo general, es un indicativo de que algo grande está a punto de ocurrir.

Cuando Jesús y los discípulos salieron de la tormenta y llegaron a tierra firme, se encontraron con un endemoniado que estaba poseído por tantos espíritus malignos que se hacía cortes en su cuerpo (ver Marcos 5:1-20). Jesús echó fuera a los demonios de este hombre, y al instante el hombre poseído fue liberado.

La meta del enemigo es que apartes tus ojos de Jesús y los pongas en la tormenta. Es porque sabe que algo grande te espera al otro lado. Podría ser un milagro, podría ser sobriedad, podría ser una relación restaurada, podría ser que ese ser querido acepta a Jesús. Sea lo que sea, algo grande está a punto de ocurrir al otro lado de la tormenta. La buena noticia es esta: cuanto mayor sea la oposición, más claro es el indicativo de que Dios está a punto de liberar algo.

Tu recompensa está al otro lado de la tormenta. No está al comienzo del camino o en medio de la lucha cuando te desanimas. Tu recompensa está al final.

En algún momento entre la enfermedad y la sanidad, habrá una tormenta. En algún punto entre la pobreza y la provisión, llegará la tormenta. Tal vez pierdas tu trabajo, o quizá se estropee tu automóvil. No te preocupes, porque todo eso es parte del proceso de victoria cuando entras en territorio enemigo.

La tormenta te dice que te estás acercando. Cuanto mayor sea la tormenta, más cerca estás del momento de la liberación. Sigue mirando hacia arriba.

ORA

Gracias, Señor, porque tu voluntad es liberar a los que tienen ataduras. Te doy gracias porque el poder que resucitó a Jesucristo de los muertos es el mismo poder que hay en mí. Recuérdame lo que hay al otro lado de la tormenta para que pueda sujetarme un poco más fuerte. Sé que tú me darás lo que necesito y terminarás la obra que un día comenzaste en mí. Te lo pido en el nombre de Jesús. Amén.

REFLEXIONA

Piensa en la última tormenta que experimentaste. Describe tu vida antes, durante y después de ella. ¿Qué aprendiste de la experiencia? Y, si estás en una ahora mismo, ¿qué estás aprendiendo en el proceso?

ACTÚA

Memoriza el versículo del día de hoy: "Hijitos, ustedes son de Dios, y han vencido a esos falsos profetas, porque mayor es el que está en ustedes que el que está en el mundo" (1 Juan 4:4). Pon este versículo en lugares donde puedas verlo regularmente, como el espejo de tu baño, la cafetera, el refrigerador, el teléfono o el calendario. Acuérdate de quién está en ti, y quién está aquí para ayudarte a llegar al otro lado.

MIRA HACIA ADELANTE

La Biblia promete en Mateo 24:13 que el que "resista hasta el fin será salvo". Hace muchos años que disfruto de correr. Para mí tiene un doble propósito; me ayuda a aliviar el estrés, y lo más importante, lo veo como una oportunidad para pasar tiempo en oración.

He aprendido un secreto importante sobre prepararme para una carrera exitosa. Antes de comenzar, decido exactamente la distancia que quiero correr. Si no doy este primer paso importante, mi cuerpo rápidamente decide que se terminó la carrera y casi se niega a dar más pasos.

Del mismo modo, preparar la mente con antelación para resistir la carrera de la fe es la única manera de saber que puedes llegar hasta el final. En el Paso 3 te ayudaré a desarrollar tu capacidad de resistir y a evitar no querer seguir corriendo para Jesús.

CREA LA ATMÓSFERA CORRECTA

Pero el fruto del Espíritu es amor, gozo, paz, paciencia,
benignidad, bondad, fe, mansedumbre, templanza.
Contra tales cosas no hay ley.
—Gálatas 5:22-23

Las Escrituras nos dicen que las batallas espirituales se producen en todas partes porque vivimos en dos atmósferas simultáneamente. Una es la atmósfera física que podemos ver, oler, oír tocar y probar. La otra es una atmósfera espiritual que no podemos ver con nuestros ojos naturales o experimentar con el resto de nuestros sentidos, pero que aun así es muy real. El diablo conoce el poder de la atmósfera y, como creyentes, también tenemos que conocerla.

Nuestras actitudes, pensamientos y valores afectan nuestras atmósferas, creando un clima que después creará una cultura. Si el enemigo puede llevarte a su cultura usando actitudes, pensamientos y valores que no se alinean con la Palabra de Dios, sabe que puede hacerte pecar.

Dios también entiende el poder de la atmósfera. Él está en todas partes, pero no manifiesta su presencia igualmente en todas partes. Él manifestará su presencia cuando haya la atmósfera correcta. A Él le encanta la atmósfera de la alabanza y la verdadera adoración de su pueblo. De hecho, la Biblia dice que Dios habita en las alabanzas de su pueblo (ver Salmos 22:3). Cuando llenas la atmósfera de quejas, crítica y murmuración, no estás invitando a la presencia de Dios.

Lo mismo ocurre con el Espíritu Santo: la atmósfera lo es todo. La atmósfera de santidad, pureza, alabanza, adoración, oración, amor y unidad atrae al Espíritu Santo; así como una atmósfera de lujuria, borrachera, ira y odio atrae a los espíritus demoniacos. Si estás lleno del Espíritu Santo y Él domina tu vida, entonces el fruto del Espíritu (amor, gozo, paz, paciencia, benignidad, bondad, fe, mansedumbre y templanza) cada vez será más evidente en tu vida (Gálatas 5:22-23). Cuando el fruto del Espíritu está en tu vida, se crea de forma natural una atmósfera propicia para la presencia del Espíritu Santo.

He oído decir que los cristianos no debemos ser termómetros espirituales sino termostatos espirituales. En otras palabras, se supone que **no solo** debemos detectar el clima espiritual como un termómetro detecta la temperatura existente en una habitación; también debemos cambiar el clima espiritual, imponiendo la autoridad del reino de Dios dondequiera que vayamos. Es importante entender las atmósferas y nuestra capacidad para cambiarlas porque Jesús nos ha autorizado y empoderado en esta arena.

Jesús cambió la atmósfera de su región, y nosotros tenemos el poder de cambiar la atmósfera y traer la presencia y el poder de Dios a nuestras situaciones, en nuestros hogares y en nuestras iglesias. Así es como mantenemos fuera al diablo: imponiendo la autoridad del reino de Dios sobre él. Mantén un espíritu de oración y alabanza en tu vida, y se creará la atmósfera correcta a tu alrededor.

ORA

Señor, estoy listo para comenzar a impactar a los que me rodean. Dame la fuerza y el valor para empezar a influenciar la atmósfera en el trabajo y en mi hogar mediante tu Espíritu Santo. Ayúdame a llevar paz y no dolor, calma y no caos. Te lo pido en el nombre de Jesús. Amén.

REFLEXIONA

¿Eres un termómetro o un termostato? ¿Cómo puedes comenzar a cambiar el clima de tu vida para que refleje el reino de Dios?

ACTÚA

Las emociones son poderosas. El sentimiento de temor de alguien puede cambiar la atmósfera de una habitación. Casi puede ser contagioso. Durante las siguientes veinticuatro horas observa qué emociones parecen gobernarte. ¿Estás constantemente ansioso? ¿Tienes miedo muy a menudo? ¿Qué es lo que parece activar tu pánico fácilmente? Sé consciente de lo que estás permitiendo que controle la atmósfera a tu alrededor. Ora y pide a Dios que te ayude en esta área. Lee un libro o escucha un podcast sobre esa emoción en concreto y cuán abrumadora es para tener mayor perspectiva. Habla con un profesional de confianza para indagar un poco más. Y recuerda: no puedes controlar la atmósfera de cada situación, pero siempre puedes controlar la tuya.

LA FUENTE DE ENERGÍA CORRECTA

*La batalla que libramos no es contra gente de carne y
hueso, sino contra principados y potestades, contra los
que gobiernan las tinieblas de este mundo,
¡contra huestes espirituales de maldad en las regiones
celestes!*
—Efesios 6:12

Nunca olvidaré cómo fue para mí crecer en un hogar lleno del
Espíritu. De vez en cuando, cuando mi mamá preparaba una
gran comida con gran entusiasmo, escuchaba mucho ruido.
No era el sonido de servir los platos o los utensilios que usaba
mientras freía el pollo, cocinaba las coles y el puré de papas.
Mi mamá empezaba a cantar cierta canción, y de repente

comenzaba a hablar en lenguas: el lenguaje del Espíritu Santo. Puede que fuera un poco inusual para un niño escucharlo, pero era poderoso.

La Biblia nos dice que en este mundo no luchamos contra carne y sangre. Luchamos contra poderes de las tinieblas. Como tenemos guerra contra lo sobrenatural, debemos luchar con una fuente de poder sobrenatural. Este poder es el poder del Espíritu Santo.

Satanás va tras una cosa. Como una pitón cuyo objetivo es asfixiar a su víctima dejándola sin aire, el enemigo intenta dejarnos sin el aire del Espíritu Santo y su unción en nuestra vida. Una pitón aborrece la respiración en su presa y hará cualquier cosa que pueda para eliminarla; de igual manera, Satanás desea eliminar la vida del Espíritu Santo de nosotros y de nuestras iglesias. Quiere el soplo de vida que solo viene mediante la presencia y poder del Espíritu Santo. Sin el poder y la unción del Espíritu Santo, no podemos hacer nada que tenga un efecto duradero. Su Palabra nos dice que no es con la fuerza, sino con su Espíritu (ver Zacarías 4:6).

Cuando aceptaste a Jesucristo como tu Señor y Salvador, la Biblia dice que tu corazón se convirtió en el templo del Espíritu Santo. Esto significa, de forma sencilla, que el Espíritu Santo vive dentro de *ti*. En pocas palabras, esta es la morada de Cristo, y Él hablará a tu corazón mientras estás en los altibajos de la vida.

Cuando Jesús derramó el Espíritu Santo en Pentecostés (ver Hechos 2), nos dio poder para hacer lo que la mayoría consideraría imposible. Mientras yo estaba en la ciudad de Jerusalén durante una de mis visitas, me acordé del Aposento Alto donde Dios envió el Espíritu Santo. Ese día, a todos nos dieron poder (poder sobre el enemigo), poder para mover montañas, poder para sanar, poder que produce la unción que rompe el yugo del pecado. Dios sigue haciendo milagros. A través del Espíritu Santo, tenemos su poder viviendo en nosotros para cambiar vidas y circunstancias en un momento.

Si te sientes abrumado, atascado o derrotado, conéctate a la fuente correcta de energía hoy: el Espíritu Santo.

ORA

Señor, santifícame. Te necesito. Nada más podrá satisfacerme. Lléname con tu Espíritu Santo hoy. Quiero ser bautizado en el Espíritu. Quiero caminar en el Espíritu. Quiero hablar en el Espíritu. Quiero vivir en el Espíritu. No quiero ser como todos los demás. Quiero perseguirte. Te buscaré con todo mi corazón. Te lo pido en el nombre de Jesús. Amén.

REFLEXIONA

¿Qué significa para ti el poder del Espíritu Santo?

ACTÚA

Según Marcos 6, es posible que Dios con su poder pase de largo de nosotros si no hacemos espacio para su presencia. Al comienzo de Génesis se nos dice que el Espíritu de Dios se movía sobre la faz de las aguas (ver Génesis 1:2).

Observa que el Espíritu de Dios está en movimiento. El Espíritu Santo siempre se está moviendo. Él no es una piscina estancada, ni un estanque, ni siquiera un pantano. En las Escrituras, al Espíritu Santo se le asemeja a un río. Esto significa que el poder, la provisión y las promesas de Dios están pasando, y tú y yo tenemos que conectar con ese río. Recibirás exactamente la capacidad que tenga tu fe. No dejes que pase de largo por delante de ti. ¿Cómo estás impidiendo que el Espíritu de Dios se mueva en tu vida con su poder? ¿Cómo puedes resistir los obstáculos y permitir que Él prenda tu fe? ¡Puedes hacer que ocurra!

RECIBE LA INFORMACIÓN CORRECTA

Señor, Dios de los ejércitos, cuando hallé tus palabras,
literalmente las devoré;
tus palabras son el gozo y la alegría de mi corazón.
—Jeremías 15:16

¿Alguna vez te has sentido tan enredado en los afanes de este mundo y la presión de intentar vivir tu mejor vida que te ha hecho quedarte como anestesiado? El sentimiento puede que sea tan familiar que fácilmente te hace rendirte y quedarte en los márgenes de tu vida. No experimentas un gozo verdadero; tan solo tratas de sobrevivir.

Esta es una verdad para animarte: es posible estar ungido y aun así estar débil. De hecho, en esta vida experimentarás épocas en las que te sientas frágil. Aun así, esta verdad no cambia la autoridad que tienes en Cristo en *cada* situación.

La debilidad y la unción divina pueden coexistir.

El rey David conocía esta coexistencia muy bien. De hecho, este hombre escribió la mayor parte del libro de los Salmos, una obra de poesía muy hermosa, usando un lenguaje que quizá no siempre era optimista, pero sí real y honesto. Si se sentía solo, lo decía. Si se sentía abatido, era sincero al respecto.

Me parece interesante que el reino de Dios sea un reino de opuestos. Es posible ser pobre y a la vez rico, tener gozo en medio del dolor y paz en medio de una tormenta. En 2 Corintios 12:10, Pablo dijo: "porque cuando soy débil, entonces soy fuerte" (RVR 60). Visto por encima, ciertamente no tiene ningún sentido. Sin embargo, su punto era que cuando estamos abrumados por las circunstancias de este mundo y sentimos que no podemos más, Dios tiene más espacio para obrar en nuestra vida. Esto es cierto, por supuesto, cuando permitimos que cale en nosotros la información correcta.

Pienso en Gedeón escondiéndose en una cueva en un tiempo en el que la nación necesitaba un gran líder. La Biblia dice que el ángel llegó y dijo: "Eres un valiente guerrero". Y Gedeón respondió: "Pero soy el hijo menor de la tribu más pequeña y soy pobre. No tengo nada. ¿Me escuchas, Dios? Soy el menor de mis hermanos" (ver Jueces 6:11-15). En otras palabras, ¡consíguete a otro para hacer esta tarea! En esencia, Gedeón estaba diciendo: "Yo no soy el indicado, este no es el lugar ni tampoco el momento". Pero Dios lo veía de otra forma. Lo que me encanta de Gedeón es que, incluso después de su vehemente protesta, cuando Dios finalmente dejó claro enfáticamente que era el que Dios había escogido, la respuesta de Gedeón fue rendirse al Señor: "Yo soy el indicado, este es el lugar y el momento correctos" (ver Jueces 6:17).

Gedeón cambió de la reticencia a la rendición, porque permitió que calara en él la información correcta. No estaba restringido por las limitaciones de su baja autoestima; escogió creer lo que Dios dijo sobre él.

Lo que recibes determina lo que verás. Si recibes una información mala o de temor, verás un mundo de temor y desesperación. Dios no solo declara lo que somos hoy, sino que declara lo que seremos mañana mediante su poder. Cuando te alimentas continuamente con una dieta de la Palabra de Dios, ¡serás capaz de soportar cualquier cosa!

ORA

Señor, a veces me pongo un estándar muy bajo. En lugar de tomar en cuenta tus promesas y creer lo que tú dices de mí, me acobardo por el temor o la inseguridad porque no siento que soy suficiente. Recuérdame que me has llamado, que fui creado de forma maravillosa, que tienes un plan y un propósito para mi vida, ¡y que es bueno! Te lo pido en el nombre de Jesús. Amén.

REFLEXIONA

¿Cómo es tu corazón cuando se trata de recibir la Palabra de Dios? ¿Hasta dónde estás de acuerdo con lo que la Biblia dice acerca de ti?

ACTÚA

Lee Santiago 1:23-24: "El que oye la palabra, pero no la pone en práctica es como el que se mira a sí mismo en un espejo: se ve a sí mismo, pero en cuanto se va, se olvida de cómo es".

¿Cuáles son algunas áreas de tu vida en las que no estás alineado con lo que Dios dice en su Palabra? Escríbelas. Tal vez no crees que superarás esa adicción, ni crees que eres más que vencedor como declara la Biblia (ver Romanos 8:37). ¿Cómo comenzarás a borrar ese pensamiento erróneo y comenzarás a descargar la información correcta?

EL LUGAR CORRECTO

No tengas miedo, que yo estoy contigo; no te desanimes,
que yo soy tu Dios. Yo soy quien te da fuerzas,
y siempre te ayudaré; siempre te sostendré
con mi justiciera mano derecha.
—Isaías 41:10

Durante una hambruna, Dios le dio a Elías una instrucción clara que decía: "Ve a Querit. He ordenado a los cuervos que te alimenten allí" (ver 1 Reyes 17:3-4). Dios le dijo a Elías que, si se movía al lugar correcto, también aparecería la provisión sobrenatural.

A veces, resistir en la carrera de la fe significa discernir el lugar de bendición para tu vida. Si Dios dice: "Te bendeciré 'allí'", y tú insistes en quedarte "aquí", entonces te perderás su provisión. Todo dependía de que Elías estuviera en el lugar correcto.

El lugar correcto no tiene que ver solo con un lugar físico. Justo cuando Elías pensó que Dios ya lo tenía todo arreglado, el arroyo de repente se secó, y los cuervos dejaron de llevarle comida. Una vez prediqué un sermón titulado: "Qué hacer cuando el arroyo se seca y las aves no vuelan". En él, explicaba que la única razón por la que Dios deja que el arroyo se seque es porque quiere llevarte de nuevo a tu fuente. Tenemos que buscar el rostro de Dios, no su mano. Nosotros queremos una fórmula, pero Dios quiere un encuentro.

No te enamores del método y te olvides de que Dios es tu fuente. El arroyo no era la fuente de Elías, sino Dios. Nos casamos con un método, pero debemos estar abiertos al cambio. Cuando el Espíritu Santo quiere hacer algo nuevo, tenemos que salir de los odres viejos. En este caso, Dios le dio a Elías un plan nuevo: "Ve a Sarepta… He ordenado a una viuda que provea para ti" (ver 1 Reyes 17:9).

Muchas veces confiamos en los sistemas en vez de confiar en Dios, pero Dios es nuestra fuente. Cuando Elías se encontró con su pupilo Eliseo, este estaba arando en el campo. Elías sabía que Eliseo era el siguiente profeta en la línea de sucesión, así que arrojó su manto sobre él. En esos tiempos, esta era una costumbre que representaba ser escogido para seguir tras los pasos de alguien. Eliseo se llenó de gratitud, pero antes de ir con Elías hizo una petición: "Permíteme despedirme primero de mis padres, y después te seguiré" (ver 1 Reyes 19:20). Eliseo regresó a sus campos. Después, para los observadores externos, parecía que causó algunos desperfectos en la propiedad. Mató a su ganado, quemó su equipo, y sirvió la carne a la gente. Ahora, estaba listo para seguir a Elías.

Ese no fue un acto violento, sino un acto importante. El arado representaba la seguridad en la vieja vida de Eliseo. Su ganado y su equipo eran su medio de vida. El arado también representaba aceptación en la economía de los granjeros de la comunidad a la que pertenecía Eliseo. Antes de poder entrar en el destino que Dios había creado para él, tenía que romper el arado.

Si Dios dice: "Te bendeciré 'ahí' o 'de esta forma'", y tú insistes en quedarte "aquí" o hacer las cosas "de otra forma", entonces te perderás sus bendiciones y su provisión. Confía en Dios y síguelo, y plántate en el lugar correcto.

ORA

Padre del cielo, estoy listo para romper el arado y estar abierto a un nuevo lugar. En vez de confiar en mi comodidad, mis preferencias y las viejas formas de hacer las cosas, confío en ti con todo mi corazón. Ayúdame a no apoyarme más en mi propio entendimiento y, en cambio, reconocerte en todos mis caminos. Dirige mi senda.

Ayúdame a deshacerme de los viejos arados y muéstrame nuevos caminos. Te lo pido en el nombre de Jesús. Amén.

REFLEXIONA

¿Cuándo fue la última vez que Dios te movió a un nuevo lugar (camino) en tu vida? ¿Cuál fue el resultado?

ACTÚA

Nos aferramos tenazmente a los viejos arados que tuvieron su propósito en un tiempo distinto, ¡porque nos asusta deshacernos de ellos! ¿A qué viejos arados te estás aferrando en este instante? ¿Qué es eso que te cuesta tanto soltar? Pasa algún tiempo pensando y orando para saber qué podría ser. Pídele a Dios que te permita soltarlo y que te ayude a dar un paso hacia un nuevo lugar.

RODÉATE DE LAS PERSONAS CORRECTAS

Son más confiables las heridas del que ama,
que los falsos besos del que aborrece.
—Proverbios 27:6

Es imposible mirar adelante si estamos aislados. Las relaciones son importantes. Es importante unir las manos y el corazón con otros que aporten fe a tu espíritu.

Cuando Dios escoge bendecirte, envía a una persona. Cuando Satanás escoge desanimarte, envía a una persona. Algunas personas pueden ayudarte a avanzar tu propósito, y hay otras enviadas para acabar con él. Debemos discernir espiritualmente. Cuando los días se ponen difíciles, perseveramos escogiendo a las personas correctas que deben estar a nuestro lado.

Cuando las personas entran en tu vida, no solo traen su cuerpo sino también su espíritu. Hay dos tipos de personas: "personas de carne" y "personas de fe". Las personas de carne te destrozan y alimentan tus temores, mientras que las personas de fe te edifican y alimentan tu fe.

Las personas de carne te hacen perder el tiempo y drenan tus energías. Las personas de fe son las que de forma inadvertida llenan tu vida. Te ayudan más a ser la persona que Dios quiere que seas. Son las que serán amorosamente sinceras contigo. Son fuertes cuando tú eres débil.

La iglesia primitiva rechazaba a Pablo porque había perseguido a los cristianos antes de su conversión. Los discípulos tenían miedo de él, así que Dios envió a una persona: Bernabé. Bernabé usó su influencia con los discípulos para conseguir que Pablo metiera su pie en la puerta de la iglesia. Bernabé fue esa persona correcta en la vida de Pablo.

En la vida, tienes que rodearte de las personas correctas. Las personas correctas son las que te animan, te aman, y serán honestas contigo. No te dicen solo lo que quieres oír; te dicen lo que deberías oír y lo que necesitas oír.

Algunos no tienen la bendición de Dios porque viven su vida sin estar rodeados de las personas correctas. Se rodean de personas negativas, que no ponen a Dios primero, que se preocupan más de las cosas materiales que de los asuntos espirituales. Si estás sufriendo en algún área concreta, no camines con alguien que también está luchando en esa misma área. Tienes que rodearte de una persona que sea fuerte en esa área en la que tú eres débil. Tienes que pasar tiempo con alguien que sepa cómo ir donde tú estás intentando ir.

Si has pasado tu vida gravitando hacia personas erróneas, tengo buenas noticias para ti. Dios traerá las personas correctas a tu vida y sacará a las erróneas, pero cuando Él haga el cambio, no regreses con las personas erróneas. "Todo pámpano que en mí no lleva fruto, lo quitará; y todo aquel que lleva fruto, lo limpiará, para que lleve más fruto" (Juan 15:2). Eso no significa que las personas erróneas sean inferiores y tú seas superior; solo significa que no son parte del plan de Dios para tu vida.

Sigue mirando, orando y buscando hasta que encuentres a las personas correctas… aquellas que te ayuden más a ser la persona que Dios quiere que seas.

ORA

Amado Dios, gracias por crearnos para tener una relación contigo y con otras personas. Te pido que me ayudes a ser un mejor amigo para otros. Ayúdame a amar mejor, a mostrar más gracia, y a servir mejor a otros. Dame discernimiento y sabiduría para escoger a las personas correctas con las que caminar en este viaje de fe. Te lo pido en el nombre de Jesús. Amén.

REFLEXIONA

Proverbios 11:14 dice: "Cuando no hay buen guía, la gente tropieza; la seguridad depende de los muchos consejeros". ¿Quiénes son las personas piadosas en tu vida a las que respetas y pides consejo cuando tienes que tomar una decisión importante?

ACTÚA

Dedica los siguientes siete días a orar pidiendo relaciones significativas. Pídele a Dios que envíe a las personas correctas a tu vida. Además, comprométete a ser ese amigo correcto para aquellos que Dios pone en tu vida.

MANTÉN EL ENFOQUE CORRECTO

No te niegues a hacer los favores debidos,
cuando en tu mano esté el hacerlos.
—Proverbios 3:27

Otro modo de desarrollar tu resistencia y perseverancia es marcar tu enfoque. Job conocía este secreto. Este hombre perdió su salud, su riqueza y a sus hijos en un solo día. En medio de estas trágicas pérdidas, nunca perdió su fe. ¿Cómo es posible? Tenía el enfoque correcto.

Job 42:10 me parece fascinante. Dice: "Después de que Job rogó por sus amigos, el Señor sanó también la aflicción de Job y aumentó al doble todo lo que Job había tenido". Observa *cuándo* repuso Dios las pérdidas de Job: fue *cuando* oró por sus amigos. En su dolor, su herida, sus lágrimas, sus días malos, las mañanas en las que no quería salir de la cama, las oraciones que salieron de sus labios sin tener respuesta, Job se enfocó en otros. Y, cuando hizo eso, Dios le dio la vuelta a su mundo y lo bendijo en su prueba.

En 1 Reyes 17 Elías visitó a una viuda que tenía la harina justa en la tinaja, y el aceite justo en la vasija para hacer una última torta para ella y para su hijo. La sequía había sido tan grande, que las personas morían de hambre. Ella pretendía que esa última torta fuera la última comida para ella y para su hijo antes de morir.

Pero entonces apareció Elías en su vida. Y de todo lo que podía haber dicho, el profeta le pidió que le hiciera primero a él una torta para comer. Aquí tenemos a una mujer con una semilla y un hombre con una necesidad. La mujer viuda se vio obligada a decidir. *¿Comemos esto y morimos, o cambiamos nuestro enfoque y cuidamos de otros, aunque nosotros mismos tengamos necesidades?* En cuanto ella tuvo el enfoque correcto, puso todo lo que le quedaba en las manos del profeta y obedeció a Dios, ocurrió algo sobrenatural. "Y tal y como el Señor se lo prometió a Elías, no faltó harina en la tinaja ni bajó de nivel el aceite en la vasija" (1 Reyes 17:16). Como la viuda escogió el enfoque correcto, todos los días durante tres años y medio, ella y su hijo tuvieron suficiente para comer.

Todos tenemos necesidades, y Dios conoce cada una de ellas. También sabe lo que ocurre cuando decidimos cambiar nuestro enfoque, quitándolo de nosotros mismos y enfocándonos en otros. Recuerda: lo que te quedas en tu propia mano se encoje, pero lo que pones en las manos de Dios se multiplica.

A principios de la década de 1900, el general William Booth, el fundador del Ejército de Salvación, envió un telegrama para animar a sus oficiales en todo el mundo. Los telegramas eran caros, se cobraban por palabra, así que Booth tenía que encontrar algo poderoso, pero breve a la vez. Se las arregló para resumir todo perfectamente, en una palabra: otros.[1] Otros se convirtió en el enfoque de la organización del Ejército de Salvación y lo sigue siendo hoy día. Que ocurra lo mismo en nuestra vida.

ORA

Amado Dios, es muy fácil quedar atrapado en mi propio mundo, pensando solo en mí, en mis necesidades, en lo que me falta, en lo que he perdido y en lo que quiero. Sin embargo, tú me has llamado a estirarme y salir de mí mismo. Ayúdame a quitar mi enfoque de mí mismo y a ponerlo en otros. Úsame para ser el milagro de otra persona. Te lo pido en el nombre de Jesús. Amén.

REFLEXIONA

¿Cuándo hubo alguien que sembró en tu vida, incluso aunque esa persona tuviera sus propias necesidades? ¿Cómo te impactó eso?

ACTÚA

Identifica a alguien que conozcas que necesite tu ayuda. Tal vez es un vecino que acaba de pasar por una cirugía y le podría venir bien que le hagas la comida unos cuantos días o le ayudes a limpiar la casa. Quizá conozcas a una mamá soltera a quien le vendría bien una mano que le ayude a cuidar de sus hijos. Tal vez el banco de alimentos de tu localidad tiene escasez, y aunque vives con un sueldo un tanto justo, tienes cosas que dar de tu propio huerto. Esta semana haz algo por alguien al margen de cómo te sientas. ¡Dios lo ve!

SINCRONÍZATE CON EL TIEMPO CORRECTO

En tu mano están mis tiempos.
—Salmos 31:15 (RVR 60)

Estar a tiempo en los Estados Unidos a finales de la década de 1800 era complicado. No había un único estándar. En su mayor parte, las personas calculaban el tiempo mirando la posición del sol. Esto era antes de que se inventaran los relojes mecánicos. La mayoría de las grandes ciudades tenían un reloj en el centro de la ciudad que todos podían ver. El problema era que el tiempo variaba según las ciudades. A veces era solo cuestión de unos minutos, y otras veces mucho más.

Las vías férreas operaban de manera independiente y según sus propios horarios. Al igual que los ferrocarriles, cada ciudad tenía una hora distinta. Esto provocaba mucha confusión y llevaba a situaciones peligrosas. Imagínate la pesadilla logística de hacer planes de viaje o coordinar la entrega de cargamento o, peor aún, los asuntos de seguridad como dos trenes que van a toda velocidad en direcciones opuestas porque sus horarios no estaban alineados.

Finalmente, los directores de las grandes vías férreas colaboraron para resolver el problema. El 18 de noviembre de 1883 establecieron el sistema de la hora estándar, el cual dividía a Estados Unidos y Canadá en cinco zonas horarias.[2] Ese día, exactamente a mediodía, en el meridiano 90, los trabajadores de todas las estaciones ferroviarias resetearon sus relojes ajustándolos a la nueva hora estándar de su zona horaria designada. Aunque fue un logro para los ferrocarriles, no todos estaban contentos. Muchas personas decidieron quedarse con la hora que habían establecido con cualquiera que fuera su sistema. En algunos lugares, la brecha entre la hora local y la hora estándar llegaba a ser de 45 minutos.[3] Algunas ciudades incluso se negaron a cambiar al nuevo horario. Surgieron disputas… las ciudades estaban divididas… hasta que 35 años después se estableció otra solución, una solución permanente esta vez, cuando la hora estándar fue promulgada como ley para todos los Estados Unidos. Todos tenían que alinearse con el nuevo estándar.

El tiempo correcto es importante. Eclesiastés 3:1 declara que hay "todo tiene su tiempo". El propósito está conectado con el tiempo. Las promesas de Dios siempre tienen un marco de tiempo a su alrededor.

El tiempo correcto para servir al Señor siempre es ahora. El tiempo correcto para comprometerse con Él es siempre ahora. El tiempo correcto para hacer su voluntad siempre es ahora. ¿Hay ciertas peticiones que le estás haciendo a Dios y te preguntas por qué no estás recibiendo respuesta? No conozco la razón concreta, pero sé que Dios sabe el tiempo perfecto. Él quiere que te sincronices con su reloj.

Me encanta la traducción que hace la Nueva Biblia Viva del Salmo 37:34: "No seas impaciente esperando que el Señor se manifieste. Continúa tu marcha firme por su senda, y a su tiempo él te honrará para que heredes la tierra". Los tiempos malos no duran para siempre. La clave para continuar de pie es sincronizarte con el reloj que Dios tiene para tu vida.

ORA

Padre del cielo, perdóname por mi impaciencia las veces que he intentado acelerar tu plan y tu propósito para mi vida y hacerme cargo yo mismo de los asuntos. Esos planes siempre me han fallado. Confío en que responderás mis oraciones cuando sea el tiempo correcto. Ayúdame a esperar lo que sea necesario. Te lo pido en el nombre de Jesús. Amén.

REFLEXIONA

Piensa en alguna ocasión en la que decidiste no esperar el tiempo de Dios y actuaste por tu propia cuenta. ¿Cuál fue el resultado final? ¿Qué aprendiste?

ACTÚA

¿Qué es eso que estás esperando que el Señor haga ahora mismo? Decide confiar en que, como Él te ama ardientemente, su tiempo y su respuesta llegarán justo en el momento oportuno y de la manera correcta. Confía en que el resultado final será para su mayor gloria y tu mayor bien.

LA MENTE CORRECTA

*Así que preparen su mente para actuar y
ejerciten el control propio. Pongan toda su esperanza
en la salvación inmerecida que recibirán cuando
Jesucristo sea revelado al mundo.*
—1 Pedro 1:13 (NTV)

La mente es un campo de batalla, un campo en el que el enemigo está intentando capturar la tuya y ganar. La buena noticia es que no estamos indefensos contra las maquinaciones de Satanás. Puede que él haga guerra contra nosotros, pero a través de Jesús, ¡la victoria es nuestra! Quiero mostrarte cuán importante es la mente a la hora de intentar ser un vencedor.

En la antigüedad, la lepra era una enfermedad que afectaba la piel, provocando heridas en la piel muy serias y daño en los nervios. Se pensaba que era una maldición de los dioses o un castigo por el pecado. En Levítico 13, a los israelitas se les dieron distintas señales para ver si tenían síntomas de la enfermedad. El capítulo continúa con una descripción profunda del proceso de examen que el sacerdote tenía que realizar si alguien se presentaba con esa condición de la piel. Ya había leído esto antes, pero nunca me había dado cuenta de la importancia de los versículos 42-44 hasta hace poco:

Pero si en la calva o en la antecalva tiene una llaga blanca y rojiza, se trata de lepra que brotó en su calva o en su antecalva. El sacerdote lo examinará, y si la hinchazón de la llaga blanca y rojiza en su calva o en su antecalva tiene el aspecto de la lepra de piel, entonces ese hombre está leproso, y es impuro. Así lo declarará el sacerdote. Es impuro por la llaga que tiene en la cabeza.

Observa que el versículo 44 dice: "… y es impuro. Así lo declarará el sacerdote". Esta no es una impureza estándar. Una nota al pie en mi Biblia en la RVC menciona que impuro es "contaminado por completo". Otras traducciones dicen "totalmente impuro". Ahora bien, antes de este versículo, la palabra "impuro" se menciona quince veces, y la palabra "plaga" veintisiete veces. Pero todo cambia en el versículo 44 cuando "impuro" y "plaga" se vuelven peores. ¿Por qué? ¡Porque la lepra había llegado a la cabeza!

La enfermedad de la lepra representa la batalla de nuestra mente. Si el enemigo tiene tu mente, ¡te tiene por completo! Si hay un tiempo en el que tengamos que proteger nuestra mente, nuestra vida mental, la pureza de nuestra mente, es ahora.

Pablo nos dio instrucciones poderosas sobre cómo pelear contra el enemigo en Efesios 6. Nos dijo: "echen mano de toda la armadura de Dios para que, cuando llegue el día malo, puedan resistir hasta el fin y permanecer firmes" (Efesios 6:13). Una de las herramientas que tenemos en este arsenal espiritual es el casco de la salvación.

Sería una locura subirse a una motocicleta sin protegernos la cabeza. Lo mismo ocurre con un cristiano. Sería una locura dejar que la mente piense lo que quiera; por lo tanto, tenemos que controlar nuestra vida mental. Del mismo modo, el casco de la salvación es para protección. Debemos tomar las medidas espirituales necesarias para proteger nuestro precioso regalo de la mente.

Si sabes quién eres y quién te ha llamado, serás capaz de soportarlo todo.

ORA

Señor, sé muy bien que mi mente es un campo de batalla. He perdido batallas tantas veces que no puedo ni contarlas. Gracias porque a través de tu sacrificio me puedo transformar. Soy una nueva criatura en Cristo.

Recuérdame que reemplace mi antigua manera de pensar por una nueva, y mis antiguos caminos por caminos nuevos. Capacítame para renovar mi mente en tu Palabra cada día. Te lo pido en el nombre de Jesús. Amén.

REFLEXIONA

Si el enemigo se mete en tu pensamiento, contaminará tu mente, tus creencias y tu fe. ¿Qué ocurre cuando el enemigo logra "contaminar" tu vida mental?

ACTÚA

Lee y memoriza Filipenses 4:8:

Por lo demás, hermanos, piensen en todo lo que es verdadero, en todo lo honesto, en todo lo justo, en todo lo puro, en todo lo amable, en todo lo que es digno de alabanza; si hay en ello alguna virtud, si hay algo que admirar, piensen en ello.

La Palabra de Dios es otra arma en nuestro arsenal espiritual. Acuérdate de este versículo cuando tu mente comience a entretener pensamientos negativos, de autoderrota o que no honren a Dios. Después, reemplaza esos pensamientos por verdades de la Palabra de Dios que sean veraces, nobles, justas, puras y amables.

MIRA HACIA AFUERA

El mayor deseo de Satanás es que dejes de interesarte por un mundo perdido y agonizante; sin embargo, esta es una de las visiones más importantes que Dios quiere que tengas durante estos tiempos abrumadores. Cuando los discípulos le pidieron a Jesús una señal de los últimos tiempos, Él les dijo: "Y este evangelio del reino será predicado en todo el mundo para testimonio a todas las naciones, y entonces vendrá el fin" (Mateo 24:14).

En otras palabras, ¡difundan las buenas nuevas! Hablen a alguien de Jesús. Sí, la vida es abrumadora y el estrés que experimentamos nos desgasta, pero a la vez, la cosecha es abundante. ¡No te pierdas la oportunidad de compartir la esperanza del evangelio cada vez que tengas la oportunidad!

ES TU TAREA

¿Cómo, pues, invocarán a aquel en el cual no han creído?
¿Y cómo creerán en aquel de quien no han oído?
¿Y cómo oirán sin haber quien les predique?
—Romanos 10:14 (RVR 60)

Cuando piensas en un evangelista, ¿quién viene a tu mente? Quizá te imaginas a un predicador de pie sobre una plataforma. Tal vez visualizas a alguien con un letrero que dice: "¡Jesús viene pronto!" en la calle de una gran ciudad. Puede que te imagines a las personas que llaman a las puertas y profesan su fe a desconocidos con panfletos y una Biblia en la mano. Sin embargo, ¿qué hay de ti? ¿Alguna vez te has visto como un evangelista? Si no lo has hecho, considera lo siguiente:

Libera a los que marchan a la muerte; salva a los que están por ser ejecutados. Tal vez digas: «Esto no lo sabíamos»; pero lo sabe el que pesa los corazones, lo sabe el que observa lo que haces, el que da a cada uno lo que merecen sus obras.   (Proverbios 24:11-12)

La responsabilidad del evangelismo se le confía a cada creyente, tú incluido. La cita de arriba nos dice: "libera a los que marchan a la muerte, salva a los que están por ser ejecutados". Son palabras fuertes. No debemos ser creyentes que se sientan en las orillas mientras contemplan cómo otros se van al infierno sin escuchar el mensaje de salvación. Tenemos la responsabilidad de comunicar el evangelio.

Esta impactante realidad debiera movernos a la acción. Debiera removernos por dentro. Debiera hacer que nos arrodillemos. Debiera cargarnos. El cristianismo no tiene que ver con conseguir que cada oración que hacemos reciba una respuesta y vivir una vida perfecta; significa amar, servir y compartir con otros el mensaje de esperanza que nos ha cambiado.

Dios quiere usarnos. Él puso personas en tu vida a las que solo tú puedes alcanzar, por las que solo tú puedes tener carga, que solo tú y tu testimonio pueden penetrar en su oscuridad.

Hay incrédulos que tal vez nunca oigan la verdad de Jesucristo si no se la llevas tú. Cuando compartes la esperanza de Cristo, invitas a alguien a la iglesia o le hablas de tu fe, estás plantando una semilla que da vida en un momento que no se puede revivir. Dios te ha puesto en ese camino para un momento como este y te ha confiado su esperanza, su Palabra y su historia. Nunca sabrás qué hay al otro lado de tu obediencia si no eres obediente a esta responsabilidad dada por Dios. ¿Dónde estarías hoy si alguien no hubiera compartido la historia de Dios contigo?

Decimos que "seguimos" a Jesús, pero si no somos movidos a compartir su amor, es tiempo de reevaluar lo que verdaderamente creemos. No es tu responsabilidad forzar a alguien a tener una relación; ese es el trabajo del Espíritu Santo. Tu tarea es plantar semillas, aunque no parezcan dar fruto. La obediencia de compartir el amor, la muerte y la resurrección de Cristo es lo único que Dios nos pide. Dios hará el resto.

ORA

Amado Dios, el regalo más importante que me has dado es la muerte y resurrección de tu Hijo Jesucristo. Perdóname por las veces que he tenido demasiado miedo o me ha dado vergüenza dar el paso y compartir esperanza con otros. No me avergonzaré de ser un testigo. No me avergonzaré del evangelio de Jesucristo, porque es poder de Dios para salvación. Así que, Señor, compartiré mi historia. Oraré e intercederé por mis familiares y amigos perdidos. Te lo pido en el nombre de Jesús. Amén.

REFLEXIONA

¿Estás sentado en la orilla, o estás compartiendo a Jesús con otros?

ACTÚA

Tal vez te haga sentir un poco fuera de tu zona de confort, pero esta semana pídele al Señor que te revele a quién tienes que compartirle su amor. Quizá tengas no creyentes en tu círculo directo de influencia. Comienza desde ahí. Escoge a alguien a quien compartir la buena nueva esta semana (¡y no te detengas!).

ANTES DE IR...

*Les daré un corazón nuevo, y pondré en ustedes un
espíritu nuevo;
les quitaré el corazón de piedra que ahora tienen,
y les daré un corazón sensible.*
—Ezequiel 36:26

Antes de que Jesús les diera a sus discípulos la Gran Comisión como describe Marcos 16:15: "Vayan por todo el mundo y prediquen el evangelio a toda criatura", expresó algo de decepción. Todo eso ocurrió después de su muerte y resurrección. La Biblia nos dice:

Finalmente se apareció a los once mismos, mientras ellos estaban sentados a la mesa, y les reprochó su incredulidad y obstinación, porque no habían creído a los que lo habían visto resucitado.   (Marcos 16:14)

Jesús se estaba preparando para decirles a sus discípulos que fueran a todo el mundo a predicar su evangelio, pero antes de hacerlo, tuvo que hacer algo más. Tuvo que deshacerse de dos cosas que había en el interior de ellos: su incredulidad y su dureza de corazón. Esto nos habla hoy. Antes de poder compartir a Jesús con otros tenemos que mirar en nuestro interior y examinar nuestro corazón.

¿Padeces incredulidad? ¿Se ha enfriado tu corazón? ¿Ha declinado tu amor por Dios? ¿Has dejado de creer que Dios puede ablandar incluso el corazón más duro y llevarlo de regreso a Él?

Me acuerdo de lo que nos dice Eclesiastés 11:1-2:

Echa tu pan sobre las aguas; después de muchos días lo encontrarás. Divide en siete porciones lo que tienes, y hasta en ocho, porque nunca se sabe qué males pueden venir sobre la tierra.

Echar tu pan sobre las aguas es una referencia a tu testimonio. Jesús se llama a sí mismo el Pan de vida. La tarea del cristiano es echar el pan. Lo que nos dice este versículo es que echemos el pan sin descanso. En otras palabras, echar nuestro testimonio sin desfallecer, sin preocuparnos por si nos rechazan, sin dudar del resultado, sin ser agresivo o arrogante. Tan solo comparte las buenas nuevas de Cristo. ¿Y después? Después de muchos días, regresará. Por eso no debemos rendirnos con nuestro cónyuge, nuestro vecino, nuestro compañero de trabajo, nuestros amigos de las redes sociales, o los desconocidos con los que nos cruzamos cada día.

No sabemos cuándo llegará el momento de la salvación para cada uno; no está en nuestro poder saberlo ni salvarlos, ¡eso es cosa de Dios! Nuestra tarea es compartir, y compartir en fe.

Algunos necesitamos que Dios nos libere de la dureza de corazón y de la incredulidad de pensar que el mensaje de las buenas nuevas no funciona, que es aburrido, que está anticuado o que ya no es relevante. Si quieres predicar a Jesús con éxito a la gente, indaga un poco en tu alma. ¿Necesita tu corazón un avivamiento hoy? Pídele a Dios que reavive tu espíritu y refresque tu alma. Recuerda de dónde viniste y dónde estás hoy. Enamórate de Jesús de nuevo. Cuando tienes ese celo recién descubierto, será difícil no hablar de Él.

ORA

Así que hoy te digo, Señor, restaura mi compasión. Restaura mis lágrimas. Restaura mi visión por los perdidos. Nadie es imposible. Nadie es un caso perdido. Jesús no nos ha dado a ninguno la responsabilidad de seleccionar a su novia. Él escoge a quien Él quiere. Renueva en mí un celo por llevar el evangelio a las personas que están cerca y a las que están lejos. Te lo pido en el nombre de Jesús. Amén.

REFLEXIONA

¿En qué situaciones se ha enfriado tu corazón?

ACTÚA

¿Hay alguien en tu vida de quien hayas dudado que Dios pueda salvar? Quiero que pases los siguientes veintiún días orando fielmente por la salvación de esa persona. Acude a Dios en fe, con el nombre de esa persona, y luego cree que con Él todo es posible.

SÉ UN HÉROE NOCTURNO

Que la luz de ustedes alumbre delante de todos,
para que todos vean sus buenas obras
y glorifiquen a su Padre, que está en los cielos.
—Mateo 5:16

La mayor historia para los cristianos es la historia de la resurrección. Aun así, antes de la resurrección hubo un evento que contiene una lección increíble para los creyentes hoy. En esta historia, un héroe inusual llamado José de Arimatea surgió y utilizó su influencia para bien en un tiempo de oscuridad.

Cuando llegó la noche, un hombre rico de Arimatea que se llamaba José, y que también había sido discípulo de

Jesús, fue a hablar con Pilato para pedirle el cuerpo de Jesús. Y Pilato ordenó que se lo entregaran. José tomó el cuerpo, lo envolvió en una sábana limpia, y lo puso en su sepulcro nuevo, que había sido cavado en una peña. Después de hacer rodar una gran piedra a la entrada del sepulcro, se fue. María Magdalena y la otra María se quedaron sentadas delante del sepulcro.

(Mateo 27:57-61)

Hay dos cosas que resaltan para mí de inmediato en este pasaje de las Escrituras. Primero, José de Arimatea era un hombre rico que también era discípulo de Cristo. Jesús mismo dijo: "… es más fácil que pase un camello por el ojo de una aguja, a que un rico entre en el reino de Dios" (Mateo 19:24). Pero José era diferente. Él entendió que debía usar sus riquezas y su influencia para los propósitos de Dios.

José de Arimatea usó su posición y poder para proveer un lugar para el cuerpo de Cristo. Como miembro de la prestigiosa corte del Sanedrín, José era un miembro respetado de la comunidad. Usó su posición para conseguir una audiencia con Pilato. Únicamente un hombre rico y respetado podía conseguir la atención del gobernante.

La segunda lección que resalta es que José de Arimatea tenía una misión: proveer un lugar de descanso para el cuerpo de Cristo en su ciudad. Y fue intencional a la hora de lograr ese propósito… incluso aunque tuviera que rogar por ello.

Las Escrituras dicen literalmente que José "pidió" el cuerpo de Cristo. Tuvo una pasión por ello. El cuerpo de nuestro Señor estaba desgarrado, retorcido, torturado y sangriento, pero a José no le importó el mal estado en que estuviera. No le preocupó cuán desgarrado y quebrado estuviera el precioso cuerpo de Cristo. Él pidió el cuerpo de Cristo de todos modos.

Creo que esta es una hermosa analogía para el Cuerpo de Cristo hoy. Debemos usar toda nuestra influencia y poder para pedir a fin de proveer un lugar para el Cuerpo de Cristo hoy. Si miras a tu alrededor, verás personas que están desgarradas, sangrientas y golpeadas espiritualmente. Debemos tener compasión por los perdidos.

José de Arimatea usó su éxito como empresario y miembro respetado de la comunidad para proveer un lugar para el Cuerpo de Cristo. Ese compromiso influyó en uno de los fundamentos mismos de nuestra fe: la historia de la resurrección. ¿Estás usando tu influencia para hacer planes para el Cuerpo de Cristo en tu comunidad?

ORA

Señor, ayúdame a dejar de ser un consumidor y a comenzar a ser un dador. Revela lo que puedo ofrecer por ti para llevar esperanza a un mundo herido. Dame oportunidades para ser un héroe por ti en la noche. Te lo pido en el nombre de Jesús. Amén.

REFLEXIONA

¿Qué te está impidiendo ser un héroe nocturno?

ACTÚA

Ora y pídele al Señor que use tus manos, tu corazón y tus recursos, y que te haga un héroe nocturno. ¿Qué influencia o plataforma única tienes para ayudar a alcanzar a los perdidos, a los heridos y quebrantados? Usa eso como tu punto de inicio.

NO ABANDONES LA IGLESIA

Y sobre esta roca edificaré mi iglesia,
y las puertas del Hades no podrán vencerla.
—Mateo 16:18

La iglesia está siendo atacada hoy día. Cuando la asistencia a la iglesia estaba cayendo a ritmo constante en la década pasada, tuvo una caída más profunda durante la pandemia de la COVID y aún no se ha recuperado.[1] La asistencia de los adultos mayores (+65) y jóvenes adultos (18-34) descendió en un 10 por ciento entre 2019 y 2021.[2] Más de uno de cada cuatro de los asistentes antes de la COVID aún no asisten los domingos en la mañana, según Lifeway Research. Es una mejora desde principios de 2021, pero todavía no está en el 91 por ciento que dijeron que pensaban regresar.[3]

De alguna manera, el estado de la iglesia hoy está en horas bajas. Sin embargo, también está perfectamente posicionada para los héroes, como José de Arimatea, de quien leíste en el devocional de ayer.

José pidió el cuerpo cuando la deidad ya se había ido. En ese momento, era solo un cuerpo en su posición más vulnerable. No había poder en él. No había milagros en él. No había victoria. No estaba extremadamente gozoso ni emocionado. Aun así, ese fue el momento en el que el héroe nocturno se levantó y pidió involucrarse.

Cualquiera puede involucrarse en la iglesia cuando el pastor se hace viral por algo bueno, cuando está llena de gente, cuando se están produciendo milagros, cuando está en una etapa de avivamiento. Pero ¿cuántos honramos, defendemos o luchamos por la iglesia cuando no puede hacer nada por nosotros? Como cuando la asistencia está baja, cuando escasea el dinero, cuando el programa no es muy atractivo o las luces no están encendidas y la música ya no suena. El momento en que José se levantó y pidió el cuerpo de Jesús, era un momento de transición. Y José se negó a ser un traidor en la transición.

Dios quiere transformarnos para pasarnos de consumidores a dadores. Muchos podían haber estado presentes cuando Jesús murió. Todos podían haber pedido y se podían haber preocupado del cuerpo inerte de Jesús, pero solo lo hizo un hombre. José no ganaba nada con hacerlo, pero aun así lo hizo por el amor que tenía en su corazón por Jesús. Cuando el cuerpo de Cristo estaba muerto y era más vulnerable, Dios usó a una persona dispuesta para cuidar de ese cuerpo.

No es el momento de salir de la iglesia local cuando está pasando por momentos difíciles y todos han salido corriendo. Es entonces cuando debes redoblar tu compromiso. Es entonces cuando puedes convertirte en un héroe nocturno. Recuerda lo que Jesús le dijo a Simón cuando le cambió el nombre por el de Pedro: "y sobre esta roca edificaré mi iglesia, y las puertas del Hades no podrán vencerla" (Mateo 16:18).

¡Habrá un retorno! Y tú querrás ser parte del mismo. Sé un héroe cuando otros no aparecen. La iglesia volverá de una manera más poderosa y grande que nunca, y El Señor está actualmente buscando personas que dirijan ese movimiento. ¿Por qué no tú?

ORA

Dios, perdóname por las veces en que mi compromiso con la iglesia local era sólido solamente porque me beneficiaba de alguna manera. Quiero ser una luz y servir al Cuerpo de Cristo. Quiero estar plantado y crecer incluso cuando parezca que el terreno está seco o estéril. Muéstrame las áreas en las que puedo servir y las oportunidades en las que puedo marcar la diferencia para ti. Te lo pido en el nombre de Jesús, Amén.

REFLEXIONA

¿Por qué es importante la iglesia local?

ACTÚA

¿Ha disminuido la asistencia de tu iglesia en las últimas semanas, meses, o incluso años? Tal vez has estado comprometido con la asistencia a los servicios semanales regularmente pero no te has preocupado de servir a otros. Considera tu nivel de compromiso con tu iglesia local y, comenzando esta misma semana, mejora tu juego. Invierte más de ti en el Cuerpo de Cristo.

COMIENZA POR CASA

Enseña al niño a seguir fielmente su camino,
y aunque llegue a anciano no se apartará de él.
—Proverbios 22:6

A veces, mirar hacia *afuera* significa mirar cuidadosamente *dentro* de nuestros hogares. Definitivamente, deberíamos estar influenciando a las personas con las que vivimos, o las que más nos conocen. Recientemente le pregunté a un amigo hispano si sus hijos hablaban español. "No", respondió él. "Me hubiera gustado que hablaran, pero para ser sincero, mi esposa y yo no hablamos español en casa. Estamos tan ocupados, que, aunque es el idioma que aprendimos de niños y somos bilingües, nuestros hijos nunca nos oyen hablarlo en el automóvil o en nuestra casa". Su respuesta me impactó como una ilustración de nuestras voces espirituales.

Nuestros hijos deben oírnos declarar nuestra fe, hacer nuestras oraciones, y alabar y demostrar nuestra relación con Jesús. Si las palabras que usamos en nuestro hogar no modelan un estilo de vida cristiano, nuestros hijos nunca hablarán con soltura en ese estilo. Vivir como cristianos es algo que debemos hacer todos los días. Y esto no afecta solo a nuestras palabras, sino también a nuestro estilo de vida en general.

Hay una historia interesante en el libro de Nehemías que explica lo que estoy diciendo. Nehemías descubrió que su idioma materno estaba muriendo en la ciudad de Jerusalén. El pueblo había roto su pacto con Dios, y como consecuencia, la ciudad estaba a punto de ser destruida. Solo un pequeño remanente permanecía cuando llegó Nehemías para comenzar la reedificación del templo. Él oyó a los niños hebreos jugando en las calles y observó que no hablaban hebreo (ver 13:23-24). Al continuar leyendo, vemos que Nehemías se enfureció al descubrir eso porque la pérdida de su idioma significaría que el pueblo de Dios perdería su cultura. Esto mismo está sucediendo en los hogares cristianos hoy día.

La iglesia del siglo XXI se está casando con el espíritu de este siglo y criando una generación de niños que no conocen el lenguaje de Dios. No conocen el lenguaje de alabanza y oración que derriba fortalezas. Esta generación ha adoptado el lenguaje de la cultura.

No es suficiente hablar el lenguaje de Dios en la iglesia una vez por semana. Se debe hablar con fluidez en casa si queremos que nuestros hijos lo aprendan y lo hablen también. En otras palaras, modela lo que predicas. Lidera con el ejemplo. ¿Cuál es tu lenguaje? ¿Qué tono de voz usas con tu familia y con los demás? ¿Escuchas a tus hijos? ¿Cuál es tu conducta cuando estás enojado? ¿Cómo manejas el conflicto? Nuestras acciones y nuestras palabras dejan impresiones duraderas.

Dios tiene un propósito para nuestros hijos y para la siguiente generación. Los criamos con una meta en mente: que algún día tomen las decisiones correctas cuando nosotros no estemos a su lado para tomar esas decisiones por ellos. Nunca olvides que, aunque los tiempos y las personas cambian, Dios no cambia. Ayúdalos a desarrollar raíces de fe que pasen la prueba del tiempo y los lancen a nuevas alturas.

ORA

Padre del cielo, tú me has confiado a mis hijos. ¡Qué privilegio! Guía mis palabras y mis acciones para que haga lo correcto y les muestre lo que es la integridad y el buen carácter, especialmente cuando no sea fácil. Dame la fortaleza para mantenerme firme y la sabiduría para tomar buenas decisiones para mi familia. Ayúdame a liderarlos bien. Te lo pido en el nombre de Jesús. Amén.

REFLEXIONA

¿Qué papel juegas en la vida de tus hijos? Si no tienes hijos, ¿tienes alguna interacción regular con algún hermano más pequeño, un sobrino o sobrina, o el hijo de algún amigo? ¿Qué influencia tienes sobre él o ella?

ACTÚA

Las siguientes son tres formas prácticas de mirar hacia afuera desde el hogar, justo donde estás ahora. Que estos pasos guíen tus prioridades.

1. Asegúrate de que tu vida privada no discrepa de tu vida pública.

2. Enseña a tus hijos a honrar a Dios y su casa.

3. Centra tu familia en las promesas de Dios.

DÍA 30

CRECE POR ENCIMA DE LAS PAREDES

No busque cada uno su propio interés,
sino cada cual también el de los demás.
—Filipenses 2:4

Cuando Jacob era anciano y estaba en su lecho de muerte, pronunció una bendición profética sobre cada uno de sus hijos. Su penúltimo hijo era José. En Génesis 49:22-24 leemos las palabras que le dijo Jacob:

José es una rama con frutos, rama con frutos junto a una fuente, cuyos vástagos cubren todo el muro. Los arqueros lo hostilizan, y en su odio le lanzan flechas; pero su arco

*se queda tenso, y los brazos se les entumecen ante el poder
del Fuerte de Jacob.*

La imagen que describe Jacob de la vida de José es la de
un jardín abundante, floreciente y cercado plantado junto a
un pozo. El jardín es tan lustroso, que las ramas crecen por
encima de la pared y se extienden por las áreas vecinas. Jacob
menciona el rencor y el maltrato que sufrió José, pero destaca
con precisión la capacidad de José para mantenerse fiel a Dios
a pesar de cualquier prueba.

En los versículos siguientes, el padre de José le da una bendición poderosa. Jacob promete para José una bendición mayor
que la de sus hermanos. Jacob dice que, como José sobrepasó
las paredes, Dios aumentará la bendición de José.

Cuando la hambruna llegó a Egipto y sus alrededores, José
proveyó para sus hermanos, quienes lo habían vendido como
esclavo. Él proveyó para la esposa de Potifar, quien lo acusó
falsamente. Proveyó para Potifar, que lo había metido en la
cárcel, aunque era inocente.

Todas estas personas habrían muerto en la hambruna de
no haber sido por José. En cambio, José extendió su bendición más allá de las paredes, más allá de su confinamiento,
más allá de donde estaba. Se preocupó por las personas que no
tenían nada que ofrecerle, personas que no merecían su ayuda.
Compartió su bendición con personas que lo rodeaban. José

no contuvo la bendición de su jardín dentro de sus paredes, sino que las sobrepasó para suplir las necesidades de otros.

El pozo que se menciona en este pasaje de las Escrituras representa a Jesucristo: el agua viva. Cuando encontramos el agua viva, Él cambia nuestra vida. Jesús transforma nuestra vida y nos hace de nuevo. Él derrama sobre nosotros generosamente una bendición abundante.

La pregunta es: ¿estamos compartiendo lo que tenemos con los que están fuera de nuestras paredes? Más allá de esas paredes hay personas que están perdidas y que no saben que Jesús puede rescatarles. Más allá de esas paredes están los que no tienen esperanza, los derrotados, los que tienen miedo, los que están atados.

Tenemos el agua viva, pero debemos enviar una viña más allá de las paredes. No podemos ir a la iglesia semana tras semana, experimentar el poder salvador de Jesús, vivir en su bendición, y quedarnos todo para nosotros. No te quedes con Jesús solo para ti, ¡extiéndete por encima de las paredes!

ORA

Señor, dame tus ojos para ver más allá de las paredes, tu corazón para desear alcanzar a los que están al otro lado de esas paredes, y tu gracia para seguir ese llamado que es para todos nosotros, como creyentes. Te lo pido en el nombre de Jesús. Amén.

REFLEXIONA

El gozo de vivir para Jesús no es solo para ir a la iglesia. Es cuando nos llenamos tanto del agua viva, que no podemos hacer otra cosa que compartir nuestro gozo con otros. ¿Qué te impide compartir el amor de Jesús con otros?

ACTÚA

Una de las mejores maneras de compartir a Cristo es compartiendo nuestra historia con otros. ¿Alguna vez has compartido con alguien tu testimonio de cómo Jesús te salvó? Es poderoso. Es tu historia, es única. Pasa tiempo escribiendo cómo era tu vida antes de conocer a Jesús, cómo fuiste salvo, y qué ha cambiado en ti como resultado de ello. No lo compliques. Esto te será práctico la próxima vez que te extiendas más allá de las paredes de tu iglesia y ofrezcas el agua viva.

SÉ UN PORTADOR DE CARGA

Sobrelleven los unos las cargas de los otros,
y cumplan así la ley de Cristo.
—Gálatas 6:2

Hay un solo lugar en las Escrituras, Mateo 21:1-3, donde se nos dice que Jesús tenía una necesidad:

> *Cuando se acercaban a Jerusalén, y llegaron a Betfagué,*
> *al monte de los Olivos, Jesús envió a dos de sus discípulos,*
> *y les dijo: "Vayan a la aldea que tienen ante ustedes. Allí*
> *encontrarán una burra atada, junto con un burrito; desá-*
> *tenla y tráiganmelos. Si alguien les dice algo, respóndanle:*
> *'El Señor los necesita. Luego los devolverá'".*

Llegamos a este lugar en el Nuevo Testamento durante el que Jesús está entrando en la última semana de su vida física aquí en la tierra, y dice: "Necesito una burra. En verdad, necesito esa, y si alguien intenta detenerles, díganles que el Señor necesita ese animal". Observa que Jesús no dijo que necesitaba un corcel blanco o un potente Clydesdale. Jesús escogió una burra.

Dios usa cosas modestas. Él usa a portadores de carga. Él usa a personas que se pongan bajo una carga tan pesada que, a veces, aunque sienten que no pueden continuar, siguen llevando dicha carga. Quiero darte seis lecciones clave que Jesús nos enseña de esta ilustración que te ayudarán a mirar hacia adelante:

1. **La bendición más grande viene de las cargas más grandes que llevas.** No puedes tener las bendiciones sin llevar la carga.

2. **Jesús llama a los no calificados.** Si sientes que no eres importante, si te sientes no calificado e inepto, estás en compañía de algunas de las personas más destacadas de la Biblia, incluyendo un niño pastor, una prostituta, un pescador y un recaudador de impuestos.

3. **Jesús levantará el peso.** Lo único que Jesús pidió hacer con la burra es que le dejaran montarla. Él promete hacer el resto. Mateo 11:28-30 nos dice:

"Vengan a mí todos ustedes, los agotados de tanto trabajar, que yo los haré descansar. Lleven mi yugo sobre ustedes, y aprendan de mí, que soy manso y humilde de corazón, y hallarán descanso para su alma; porque mi yugo es fácil, y mi carga es liviana".

4. **Una burra está hecha para resistir, no para ir rápidamente.** Si Dios te va a usar, su intención contigo no es hacerte dar una carrera rápida y después verte a los seis meses. El tipo de personas que Dios escoge y usa son las que escogen soportar durante esos tiempos en los que la carga se vuelve pesada.

5. **Tú llevas la carga, pero asegúrate de que Dios se lleve la gloria.** Hay una diferencia entre confianza y arrogancia. Lo mejor es que le des a Dios la gloria si te ha bendecido.

6. **Jesús no puede usarte hasta que hayas sido desatado.** Mientras estés atado al poste, el escenario nunca cambia. Si permites que Jesús te desate, te suelte y te guíe, Él te llevará a un lugar donde el escenario cambia.

Dios no está buscando corceles; está buscando portadores de carga como tú.

ORA

Padre del cielo, estoy muy agradecido de que escojas cosas ordinarias y las personas de este mundo para marcar una diferencia extraordinaria. Gracias por usarme. Gracias por la oportunidad que me das de ser un portador de carga para ti. Quiero hacer lo que me has llamado a hacer, y hacerlo en tu fuerza. Abre mis ojos y mi corazón a las cosas a las que estoy atado que me están impidiendo avanzar. Te lo pido en el nombre de Jesús. Amén.

REFLEXIONA

¿Qué peso sigues llevando que tienes que rendir y dejar que Jesús lleve por ti?

ACTÚA

Nombra esa relación o disfunción en tu vida a la que estás atado que hace que tu escenario sea siempre el mismo. ¿Cuáles son los tres pasos que tienes que dar para desatarte de esa conexión poco sana?

SÉ EXCELENTE

Daniel estaba por encima de los sátrapas y los
gobernadores porque en él radicaba un espíritu superior.
Incluso, el rey pensaba ponerlo a cargo de todo el reino.
—Daniel 6:3

En la Biblia, Daniel fue capturado siendo adolescente y llevado al reino de Babilonia, donde se adoraban ídolos. Su integridad, su atención meticulosa a su trabajo, y su dedicación a su vida espiritual lo distinguían de quienes lo rodeaban, y eso daba la gloria a Dios. Además, le hizo incluso ganarse un ascenso importante dentro del reino de Babilonia. Aunque sus iguales estaban decididos a destruirlo intentando hallar errores en su vida, no encontraron nada que pudieran usar en su contra.

El mundo responde a la excelencia. Cuando alguien ha tenido éxito y vive una vida de integridad, prestamos atención a lo que nos quiera decir. Desde empresarios hasta deportistas, desde artistas hasta educadores, desde artesanos a profesionales de la salud, cuando eres excelente en lo que haces, las personas quieren saber tu secreto. Y las personas escucharán lo que tengas que decir.

Como cristianos, somos llamados a ser *influencers* para Jesús, dentro y fuera de nuestras familias, hogares y comunidades. Recientemente, vi a un tipo de pie en la banqueta de una calle con un letrero que decía: "Jesús volverá el 22 de septiembre". Ahora bien, no hay nada de malo en evangelizar en la calle. Compartir el evangelio es la meta, ¿cierto? Dicho eso, yo no sugeriría poner una fecha para el regreso de Jesús. Ahora piensa en esto: ¿cuánta influencia tiene sobre la persona promedio un desconocido en la esquina de una calle con un letrero con un versículo bíblico? Francamente, no mucha.

Las personas están buscando pruebas. Están buscando esperanza en la vida real, en la vida cotidiana. Cuando Dios envió a su único Hijo, era inmaculado, sin culpa. Si Dios nos envió lo mejor que tenía, lo más apropiado sería que le devolvamos lo mejor de nosotros mismos. Lo que Él haya puesto en tus manos, ¡persíguelo con excelencia! Cuando lo hagas, se abrirán puertas que nunca te habías imaginado, y obtendrás favor con la gente, ¡e influencia para el reino!

Me encanta lo que Jesús dijo en Mateo 5:14-15:

Ustedes son la luz del mundo. Una ciudad asentada sobre un monte no se puede esconder. Tampoco se enciende una lámpara y se pone debajo de un cajón, sino sobre el candelero, para que alumbre a todos los que están en casa.

¡Tú eres la luz! Dondequiera que estés, Dios te ha puesto sobre un candelero. Lo mucho o poco que brilles será tu decisión. Puedes esconderla bajo una mala actitud, trabajando con desgano, con un carácter cuestionable o negatividad; o puedes realizar la tarea cotidiana que tienes por delante con excelencia, y hacer que la gente se pregunte por qué eres diferente.

Representamos el reino de Dios aquí en la tierra. Es tiempo de examinar nuestra vida. Debemos hacer nuestro mejor esfuerzo por Jesús porque el mundo nos está observando. No debemos conformarnos con la mediocridad y una vida descuidada. Somos ungidos para levantarnos por encima de la vida común y ordinaria, y vivir con un espíritu de excelencia.

ORA

Señor, sé que soy un reflejo tuyo. Por desgracia, a menudo fallo a la hora de ser un buen ejemplo. Aun así, quiero esforzarme por ser excelente. Quiero hacer el mejor trabajo posible con cualquier cosa que demandes de mí. Recuérdame que me enfoque en lo que más importa. Te lo pido en el nombre de Jesús. Amén.

REFLEXIONA

¿Por qué a veces nos conformamos con la mediocridad en lugar de esforzarnos para ser excelentes?

ACTÚA

¿Ves que te falta excelencia en muchas áreas importantes de tu vida? ¡Es posible que estés intentando hacer demasiado! Estar ocupado se ha convertido en un valor en la sociedad actual, incluso es una placa de honor para algunos. Dedica tiempo y prioriza lo que sea más importante para ti. Enfócate en cuatro o cinco áreas clave que más te importen. Luego, comienza a hacerlo lo mejor posible buscando la excelencia en esas áreas, en lugar de intentar hacer todo a la vez y hacer bien un trabajo mediocre.

MIRA HACIA ARRIBA

No solo deberíamos mirar hacia afuera a medida que se acerca el fin, sino que también debemos mirar hacia arriba.

Lucas escribe en su Evangelio: "Cuando esto comience a suceder, anímense y levanten la cabeza, porque su redención estará cerca" (Lucas 21:28).

Nuestra postura como creyentes es de gran esperanza y promesa. Podemos mirar hacia arriba porque Dios nos hizo promesas y no abandonará a nuestras familias hasta que la redención, o gracia, se acerque a nuestro hogar. No solo tenemos el poder de la salvación como una razón por la que mirar hacia arriba, sino que también tenemos el poder de Jesucristo en nuestro espíritu. He escrito este conjunto final de devocionales para darte razones para no abandonar, y en lugar de ello mirar hacia arriba en los tiempos difíciles.

DIOS ESTABLECE EL PATRÓN

En su momento, Dios todo lo hizo hermoso.
—Eclesiastés 3:11

Dios nunca cambia. Él es el mismo ayer, hoy y por siempre (ver Hebreos 13:8). La Biblia dice que las cosas que fueron escritas antes se escribieron para nuestro aprendizaje. La Palabra de Dios nos muestra el patrón de Dios. Si quieres entender cómo se mueve Dios hoy, regresa y busca los patrones en la Escritura. Leamos en Génesis 15:13-14. Dios está profetizando a Abram:

> *Debes saber que tu descendencia habitará en una tierra extraña, y que allí será esclava y la oprimirán durante*

cuatrocientos años. Pero también yo juzgaré a la nación a
la cual servirán, y después de eso ellos saldrán de allí con
grandes riquezas.

Aquí hay un patrón. Dios le está dando a Abram un aviso de que sus descendientes terminarán en servidumbre bajo otra nación, y aunque estarán en ese lugar por cuatrocientos años, al final de ese periodo de prueba serán liberados y saldrán con muchas posesiones. Los descendientes de Abram saldrán de la esclavitud de Egipto igual que entraron. Dios tenía un plan, y el plan tenía un calendario programado.

Esto nos habla hoy. Dios pone un límite a los problemas. Si hay un comienzo, siempre habrá un final.

Se nos recuerda en el libro de Job que Dios pondrá final a las tinieblas. Job pasó por una pérdida inimaginable. Hubo un inicio y un final, ¿y qué hizo Dios después? Bendijo a Job con el doble de lo que tenía antes.

Daniel es otro ejemplo. Dios le dijo a este hombre que el pueblo de Israel sería llevado al cautiverio en Babilonia y serviría bajo el rey Nabucodonosor, pero después de setenta años la nación sería libre y volvería a su lugar de pertenencia. Hubo un inicio y un final.

Hay tanta oscuridad en este mundo que es fácil pensar que el gobierno, la economía, una crisis de salud, o el consejo educativo de nuestra ciudad tiene todo el control, que depende de ellos establecer los límites sobre cuándo vamos a salir de la oscuridad para ir a la luz. Pero no es así. Lo único que debemos hacer es mirar el patrón que Dios nos da en la Biblia. Él tiene el poder. Él establece los límites. Él conoce el calendario. Nuestro trabajo es confiar en Él y estar preparados.

En Juan 2:19 Jesús dijo: "Destruyan este templo, y en tres días lo levantaré". No estaba hablando del templo de Herodes, del edificio en sí, sino de la muerte y resurrección de su cuerpo físico. Estaba diciendo: "Voy a ser crucificado. Va a ser duro. Se verá mal. Parecerá que he sido derrotado, pero en tres días derrotaré a la muerte y resucitaré". ¡Ese es el patrón!

No te preocupes por la fecha de caducidad de tus pruebas; debes saber que el Señor ya tiene puesta la fecha límite.

ORA

Padre del cielo, gracias por ser una luz en mi camino. La oscuridad me consume a veces. Es un lugar donde no te oigo, ni te veo, ni te siento. No me gusta, y necesito tu fortaleza para soportarlo. Permite que me aferre fuerte a las promesas de tu Palabra en lugar de aferrarme a mis sentimientos o a las opiniones de otros. Y que mi fe se fortalezca durante estos tiempos sabiendo que mis problemas tienen una fecha límite. Te lo pido en el nombre de Jesús. Amén.

REFLEXIONA

¿Cómo te llena de esperanza saber que Dios establece un final a la oscuridad?

ACTÚA

Piensa en dos personas que sepas que están pasando por un tiempo de oscuridad. Llámalos o escríbeles hoy y ora por ellas. Pídele a Dios que llene sus corazones de paz y esperanza mientras confían en Él durante sus pruebas.

PRESÉNTATE VIVO

*Pero Dios, cuya misericordia es abundante, por el gran
amor con que nos amó, nos dio vida junto con Cristo,
aun cuando estábamos muertos en nuestros pecados.*
—Efesios 2:4-5

En Hechos 1:3 Lucas escribe que Jesús "después de su muerte,
se les presentó vivo y, con muchas pruebas que no admiten
duda, se les apareció durante cuarenta días y les habló acerca
del reino de Dios".

Después de su sufrimiento, Jesús se mostró vivo. Este es
un principio importante para que recordemos mientras sopor-
tamos y miramos hacia arriba en tiempos de prueba.

Míralo así. Jesús pasó por problemas en la tierra antes de su experiencia en la cruz. Él recibió burla, muchos no creyeron quién era realmente, y fue traicionado por los que tenía más cerca. El Calvario fue una experiencia distinta. Las heridas eran muy hondas. El Calvario lo marcó. ¡El Calvario lo cambió todo! Y, mientras estaba colgado en la cruz, justo antes de dar su último aliento, Jesús clamó a gran voz: "Padre, en tus manos encomiendo mi espíritu" (Lucas 23:46).

Algunas pruebas te cambiarán la vida. Cuando las pruebas te marcan, debes poner tu espíritu en manos de Dios. No permitas que las pruebas más difíciles te llenen de amargura. Entrégaselas al Señor, y Él las convertirá en testimonios. Jesús sabía que el único lugar seguro en el que podía poner su espíritu era en las manos de su Padre celestial. Era solo en sus manos donde podría volver a ser Vida.

Sabemos, claro está, que la crucifixión no es el final de la historia. Me encanta cómo otra traducción dice que Jesús se mostró vivo. No solo apareció, sino que se mostró vivo, que venció la muerte, que hizo lo que dijo que haría, ¡que aún estaba de pie! Y, tal y como aprendiste ayer, ¡ese es el patrón!

La mayoría de nosotros hemos recibido un golpe fuerte en estos años pasados. Algunos hemos soportado varios golpes. ¡Es tiempo de mostrarnos vivos! No es el momento de ahogarnos en la pena, de revolcarnos en la desesperación, de arrojar la toalla y abandonar. Es el momento oportuno para declarar vida, para predicar esperanza tanto a nosotros como a un mundo que muere, ¡y para volver a vivir!

Tal vez has pasado por el fuego, pero aún estás de pie. Quizá has sido arrojado a un foso de leones, pero aún estás leyendo estas líneas. Puede que algunas cosas te hayan marcado para siempre, pero nunca olvides que eres un instrumento escogido y real sacerdocio.

Fija tus ojos en el premio. Se aproxima un gran día. Los tiempos difíciles en los que estamos son simplemente temblores del regreso de Jesús.

Así como Jesús mismo se mostró vivo "después de su muerte", hay un "después de esto" para ti. Después de tu prueba, después de tu lucha, después de tu adicción, después de tu pérdida, después de tu aborto, después de tu bancarrota, después del sueño roto, después de tu corazón partido.

Sigues siendo un hombre o una mujer de Dios, y sus planes para ti no pueden ser frustrados.

Decide hoy que eres victorioso, al margen de las circunstancias. Estás vivo y aún estás aquí. Muéstrate vivo, y permite que el Señor brille en un mundo oscuro a través de ti.

ORA

Amado Jesús, aprovecho esta oportunidad para darte gracias por mi victoria. He sido salvado, liberado y sanado, ¡y soy un vencedor! Venzo porque tú eres mi Dios. Venzo porque soy tuyo. Me puedo mostrar porque tú eres la Resurrección y la Vida. Creo que comenzaré a ver milagros en mi vida a medida que tome tu Palabra y crea tus promesas, declarando en la cara del enemigo: "Escrito está". Gracias. Te lo pido en el nombre de Jesús. Amén.

REFLEXIONA

Si estás pasando por un periodo difícil ahora mismo, nombra dos cosas por las que estás agradecido que te dan fuerza, esperanza o paz.

ACTÚA

Los tiempos difíciles saben cómo tumbarnos, pero también tienen el potencial de ponernos de rodillas. ¿Cuándo fue la última vez que te pusiste de rodillas a orar? Toma unos minutos hoy para hablar con Dios mientras te arrodillas (si es físicamente posible). Estar en una posición de humildad a menudo nos ayuda a cambiar nuestra perspectiva.

VENCE CON LA FE

Además de todo esto, protéjanse con el escudo de la fe,
para que puedan apagar todas
las flechas incendiarias del maligno.
—Efesios 6:16

Uno de los mayores obstáculos para vivir como un vencedor es el temor. El temor corre descontrolado por el mundo y por nuestra vida. Nos da miedo lo que pueda pasar o lo que no pueda pasar. Nos dan miedo los resultados, las relaciones, el fracaso, las opiniones de la gente; y la lista continúa. Sin embargo, si el temor gobierna nuestra vida, no nos atreveremos a dar un paso en fe para cumplir nuestro destino en

Dios. La Biblia dice que sin fe es imposible agradar a Dios (ver Hebreos 11:6).

No puedes tener éxito en la vida si cedes al temor. Los siguientes son seis pasos para ayudarte a luchar contra el temor con la fe, ¡y vencer!

1. **Predícate a ti mismo**. Cuando Dios me pide hacer algo que me parece imposible, tengo que predicarme a mí mismo para derrotar al temor y la incertidumbre que intentan controlarme.

2. **Sigue intentándolo**. Ya sea en una relación, en un negocio, o al alcanzar tus metas personales, nunca cedas al temor y dejes de intentarlo. Lo importante que debes recordar cuando falles, cuando cometas un error o te encuentres con un desvío, es no abandonar.

3. **No creas lo que ves**. ¿Te sientes derrotado por lo que viste con tus ojos? ¿Acaso se ha abortado la promesa de Dios porque escogiste creer lo que viste en lugar de lo que Dios ha dicho en su Palabra? No creas lo que ves solo con lo que te dicen tus sentidos. Camina por fe en las promesas de Dios.

4. **Doma tus conversaciones**. "Hablar como el diablo" hará que el diablo entre en escena, y "hablar como Dios" hará que Dios entre en escena. Siempre experimentarás ataques del enemigo para intentar sacarte

de la presencia de Dios, de debajo de su sombra; pero confesar la verdad de la Palabra de Dios te impedirá caer presa de las tácticas del enemigo.

5. **Corre riesgos.** Los que luchan contra el temor aprovechan las oportunidades. No esperan a ser atacados; pasan a la ofensiva cuando se presenta la oportunidad. Si cantas, únete al coro. Si estás pensando en empezar un negocio propio, da los pasos e investiga cuáles son tus posibilidades. Si estás solo, haz el esfuerzo de desarrollar amistades.

6. **Recuerda que Dios es el amo en medio de la adversidad.** Cuando llegan los desastres, la buena noticia es que Dios es el amo en tiempos de desastre. Ya sea debido a tus malas decisiones o por circunstancias que están fuera de tu control, cuando clames a Dios, Él resolverá tu situación. Aunque tu angustia sea autoinfligida, Dios tiene un plan para sacarte de ahí. No tienes por qué dejar que el temor te atormente.

No hay nada que se iguale al poder de la fe liberada en tu vida. La fe alaba a Dios por la respuesta antes de que esta llegue. Le pone el pie en el cuello a cualquier mentira que se opone a los propósitos de Dios para tu vida. La fe puede mover montañas, y siempre hace la voluntad de Dios en ti y para ti. Es tiempo de que mires hacia arriba. ¡Sigue venciendo con fe!

ORA

Señor Jesús, te doy gracias porque mi vida cambia hoy. Tú no me has dado un espíritu de temor. Tú me has dado un espíritu de poder, de amor y de dominio propio. La sangre que derramaste en la cruz me libera de la vergüenza y me libra de mis debilidades. Lléname de valor. Lléname de un espíritu intrépido. Tú estás conmigo. No tendré miedo. Te lo pido en el nombre de Jesús. Amén.

REFLEXIONA

¿Te acuerdas de alguna ocasión en tu vida en la que te dio miedo hacer algo que sabías que tenías que hacer, pero a pesar de ello lo hiciste? ¿Cómo te sentiste después?

ACTÚA

Busca en las Escrituras y encuentra y medita en tres versículos que tengan que ver con el temor. Incluso puedes empezar con el versículo que está al comienzo de este devocional.

Pon uno o dos en un lugar donde puedas verlos apenas te levantes en la mañana, quizá en tu teléfono o en tu mesita de noche. En cuanto despiertes, recuérdate que el temor no tiene poder sobre ti.

VALOR CON LOS PIES FRÍOS

Estén alerta. Permanezcan firmes en la fe.
Sean valientes. Sean fuertes.
—1 Corintios 16:13 (NTV)

Hablando de temor, ¿conoces la historia de Benaías en el Antiguo Testamento? Él fue un héroe durante el reinado del rey David y se convirtió en uno de sus hombres fuertes. La Biblia dice que mató a un león en un foso en un día de nieve. ¡Imagínatelo! Tuvo el valor de saltar a un foso nevado con un león y luchar con él hasta darle muerte. ¡Yo llamo a eso valor con los pies fríos!

El valor es hacer lo que te da miedo hacer. He oído decir que el "valor es el temor después de haber orado".

Cuando escuchas que Dios te dice que hagas algo, en ese momento te llenas de fe. Te refuerza la determinación como si fuera acero. Después, cuando realmente empiezas a actuar en fe, te das cuenta de que el león está a punto de atacar. El apóstol Pedro nos dice que estamos en una lucha contra un león: "Sean prudentes y manténganse atentos, porque su enemigo es el diablo, y él anda como un león rugiente, buscando a quien devorar" (1 Pedro 5:8). Es entonces cuando consigues valor con los pies fríos. Pero está bien. Dios necesita algunos hombres y mujeres en estos tiempos difíciles que tengan el valor de decir: "Dios dijo que hiciera esto, ¡y lo voy a hacer!".

¡La verdad es que no hay un verdadero valor a menos que tengas miedo! Tal vez estás en un momento de tu vida ahora mismo en el que Dios te ha dicho que hagas algo difícil, pero has comenzado a sentir el síndrome de los pies fríos: sientes temor. Olvídate de mirar hacia arriba, ni siquiera puedes dar un paso. Permíteme alentarte: ¡Ánimo; ¡el Señor está contigo! Comienza a declarar: "Jesús está conmigo, y Él tiene todo el poder. ¡Tengo fe para esto!".

Cuando enfrentes probabilidades insuperables, estás en la esfera del valor con los pies fríos. Conozco bien ese lugar. Cuando Dios me dijo que fuera a Gainesville, Georgia, a pastorear la iglesia Free Chapel, fui lleno de valor con los pies fríos. Cuando me dijo que construyera un nuevo templo, 2,5 millones de dólares me parecían como si fueran 29 millones de dólares. Nuestra congregación avanzó con valor, pero con los pies fríos. Después, cuando compramos más terreno por cinco millones de dólares, tuvimos que reunir el valor para vencer de nuevo el temor. Y, cuando comenzamos a construir una iglesia por diecisiete millones de dólares, dije: "Aquí estoy de nuevo, avanzando en valor con los pies fríos".

Me gustaría que todas las historias terminaran con un milagro o una sanidad, pero no siempre sucede así. A veces, Dios te hace pasar por el horno de fuego en lugar de librarte del horno de fuego. Al margen de cómo termine la historia, debes saber que Dios siempre está contigo, y que Él usará cada una de las historias para su gloria.

Así que ¡empieza a moverte! ¡A Él no le importa nada que tengas los pies fríos!

ORA

Amado Jesús, perdóname por no dar pasos en fe porque he pensado que no podía hacerlo con temor. Decido obedecer tus mandatos y avanzar con valor, incluso cuando tenga miedo. Gracias porque, aunque pase por valle de sombra de muerte, tú estás conmigo. Tú eres mi luz y mi salvación. Contigo a mi lado, puedo hacer cualquier cosa que me pongas delante. Te lo pido en el nombre de Jesús. Amén.

REFLEXIONA

¿Qué has estado dejando de lado aun sabiendo que debes dar un paso de fe y hacerlo?

ACTÚA

Reconoce que sientes los pies fríos con respecto a tu respuesta a la pregunta anterior. Pídele a Dios que te ciña de poder, y después haz eso que tienes que hacer. Haz la llamada de teléfono. Haz esa entrevista. Di que sí. Di que no. Avanza incluso con temor.

LA ESTRATEGIA DE LA ALABANZA

A todos los que se lamentan en Israel les dará una
corona de belleza en lugar de cenizas,
una gozosa bendición en lugar de luto,
una festiva alabanza en lugar de desesperación.
Ellos, en su justicia, serán como grandes robles
que el Señor ha plantado para su propia gloria.
—Isaías 61:3 (NTV)

La vida cristiana es un campo de batalla con un enemigo cuya meta es intentar derrotarnos cada día. Pero Dios nos ha dado estrategias para vencer, y la alabanza es una de ellas. Cuando el ejército de Israel iba a la batalla, la tribu de Judá iba al frente. El nombre "Judá" significa alabanza. ¿Estás angustiado por las batallas de la vida? Saca el arma de la alabanza y mira hacia arriba.

Cuando la alabanza va delante, ¡la victoria está en camino!

La misma estrategia de la alabanza derribó los muros de Jericó para Josué, y provocó que los enemigos de Josafat se destruyeran entre ellos antes incluso de comenzar la batalla (ver 2 Crónicas 20). El rey Saúl usó la misma estrategia de la alabanza cuando le pidió a David que tocara el arpa para él, a fin de que el rey encontrara alivio de los espíritus que atormentaban su alma (ver 1 Samuel 16).

De hecho, Isaías 61:3 nos presenta la estrategia de la alabanza cuando habla de intercambiar el espíritu de desesperación por una vestidura de alabanza. Cuando la depresión, la preocupación, el temor y otras emociones negativas te atacan desde todos los frentes, no puedes deshacerte de ellas con un simple chasquido de dedos. Debes reemplazarlas por otra cosa. En este caso, te pones un manto de alabanza.

Pienso en Pablo y Silas sentados en una celda mugrienta en la cárcel, con grilletes en las manos y en los pies. Estarían cansados, hambrientos, ensangrentados y dolidos por los golpes recibidos. A medianoche, comenzaron a orar y a cantar alabanzas a Dios. En otras palabras, ¡miraron hacia arriba! Me encanta lo que la Biblia dice que sucedió después.

De pronto hubo un terremoto, tan violento que los cimientos de la cárcel se estremecieron. Al instante se abrieron todas las puertas, y las cadenas de todos se soltaron.

(Hechos 16:26)

La alabanza abre puertas. La alabanza abre oportunidades. La alabanza confunde y vuelve loco al enemigo. Cuando enfrentes una situación que no puedas manejar, toma la decisión de alabar a Dios en lugar de preocuparte por tu problema. Tal vez no te sientes digno, ¡pero Él sí es digno! Quizá no te sientes capaz, ¡pero Él sí es capaz! Quizá sientes que no controlas tu vida, ¡pero Él sí la controla! Recuérdale a Dios sus promesas. Nada le mueve más que ver a sus hijos alabando su nombre y reclamando sus promesas ante la adversidad. Jesús dijo: "Tendrán acceso libre y total al reino de Dios, llaves para abrir cualquier puerta" (Mateo 16:19 MSG, traducción libre)

La alabanza invita a Dios a intervenir; por lo tanto, úsala. Y mientras estás en ello, busca a alguien que se una a ti (ver Mateo 18:19). Como Pablo y Silas hicieron juntos, multiplica tu impacto ante el trono de Dios.

Comienza a levantar la alabanza, ¡y la victoria estará en camino!

ORA

Señor, enséñame a vivir con un corazón de alabanza. Que sea un adorador en los tiempos buenos y en los malos. Tú eres santo y veraz, poderoso y fuerte, digno de toda mi alabanza. Que no hablen las piedras antes de que yo tenga la oportunidad de adorarte. Antes de comenzar mi día o recostar la cabeza para dormir en la noche, quiero darte alabanza por todo lo que has hecho y por quién eres. Te lo pido en el nombre de Jesús. Amén.

REFLEXIONA

¿Cómo ha cambiado la alabanza tu perspectiva y/o actitud?

ACTÚA

Memoriza Salmos 34:1: "Bendeciré al Señor en todo tiempo; su alabanza estará siempre en mi boca".

Empieza a desarrollar el hábito de dedicar al menos diez minutos al día a alabar a Dios. Puedes hacerlo de camino a tu trabajo, mientras haces ejercicio, durante tu tiempo devocional, o mientras te preparas para tu día.

OBTÉN LA IMAGEN

Donde no hay visión, el pueblo se extravía;
¡dichosos los que son obedientes a la ley!
—Proverbios 29:18 (NVI)

A veces, para mirar hacia arriba tienes que ver la imagen de lo que Dios ve. Si yo miro a mi alrededor y veo la condición en la que se encuentra el mundo, no me parece ver una imagen muy positiva. Pero no debemos dejar que el aspecto de nuestra situación actual dicte la imagen que vemos. Tenemos que imprimir en nuestra visión lo que Dios ve para nosotros.

¿Cómo te ves a ti mismo, tu familia, tu futuro? Si solo ves dolor, decepción y fracaso, entonces eso es posiblemente hacia lo que te diriges. Pero, ¿qué pasaría si consigues una imagen de

cómo te ve Dios? En la Biblia vemos una vez tras otra que Dios
da a sus hijos una imagen, un sueño, una ilustración para que
sus promesas se vean claramente.

En Jueces 7 Dios prometió a Gedeón que entregaría a los
madianitas y amalecitas en sus manos. Al principio, Gedeón no
estaba convencido. El ejército de trescientos hombres de Israel
se veía superado en soldados, recursos y estrategia por los 135
000 soldados de Madián. Así que Dios le dijo a Gedeón que
tomara a su siervo y fuera al campamento enemigo a espiarlos.

Dios sabía que cuando Gedeón oyera lo que iba a oír,
obtendría fuerza y confianza (ver Jueces 7:9-11). Cuando llegaron estos dos hombres, un soldado le estaba contando a su
compañero un sueño que había tenido:

> *"Tuve un sueño, en el que veía que un pan de cebada venía
> rodando hasta el campamento de Madián, y cuando llegó,
> golpeó tan fuerte la tienda de campaña, que la derribó".
> Y su compañero le respondió: "Esto no es sino la espada
> de Gedeón hijo de Joás, el israelita. ¡Dios ha puesto en sus
> manos a los madianitas y a todo su campamento!".*
>
> (Jueces 7:13-14)

Al escuchar eso, ¡bum! Gedeón obtuvo una imagen en su
mente. Vio el cumplimiento de la promesa de Dios. Vio victoria. Vio a Dios usándolo.

Una promesa de Dios es una revelación de las intenciones
divinas de Dios en tu vida mediante las Escrituras. La clave

es convertir la promesa en una imagen. Nunca poseerás las promesas de Dios hasta que las veas. Si las ves, entonces Dios puede hacer que se cumplan. Antes de que una promesa o profecía se pueda manifestar, primero debes verla en tu mente. Si la ves, la puedes tener. Si la ves, Dios puede hacerlo. Si la ves, se puede convertir en una realidad.

Creer algo es crucial, pero también lo es verlo. Sin visión, el pueblo perece (ver Proverbios 29:18). En otras palabras, si no hay visión para el futuro, no hay poder en el presente. Cuanta más visión tengas para el futuro, más poder tienes para tu presente.

Si una imagen logra persuadir tu mente, entonces tu cuerpo comienza a responder. Deja que se forme en tu mente una imagen de la promesa de Dios para ti, y Él comenzará a convertirla en una realidad.

ORA

Señor, necesito ayuda para corregir mi visión. Lo único que he mirado han sido los hechos que me rodean, los cuales no son muy alentadores. Pero tus promesas son mayores que los hechos. Te pido visión para mi vida, para mi situación, para donde estoy y hacia donde me dirijo. Me comprometo a llevar a cabo la visión que me des, como hizo Gedeón. Te lo pido en el nombre de Jesús. Amén.

REFLEXIONA

¿Alguna vez has tenido que mirar más allá de los hechos y usar tu imaginación para ver las posibilidades? ¿Cómo te ayudó eso a superar una situación para alcanzar tu meta?

ACTÚA

Hoy quiero hacer exactamente lo que dice el título de este devocional: ¡obtener la imagen! Los seres humanos prefieren las imágenes antes que las palabras. Imagínate escuchar una presentación sin gráficos atractivos. Aburrida, ¿verdad? Ahora piensa en algo que haya estado en tu corazón que se alinee con las Escrituras. Tal vez Dios te ha prometido sanidad, o la restauración de una relación, o libertad de una adicción. Consigue ver en tu mente la imagen de lo que sería estar sanado, de haber restaurado una relación, o de vivir en libertad. ¡Ahora piensa en eso!

ALIÉNTATE A TI MISMO

Tú, Señor, eres mi escudo y mi fuerza; en ti confía mi
corazón, pues recibo tu ayuda. Por eso mi corazón se
alegra y te alaba con sus cánticos.
—Salmos 28:7

Primera de Samuel 30 comienza con David y sus hombres fuertes regresando a casa después de un largo viaje. Lo primero que ven sus ojos abate sus espíritus. La aldea está diezmada. Gran parte ha sido quemada, incluyendo la casa de David. ¿Las familias de estos hombres? No están. Los amalecitas los han capturado a todos.

David se encuentra en estos momentos ante una difícil situación. El gozo de sus éxitos militares pasados se desvanece cuando se da cuenta de que su familia no está. Hablando de desánimo, ¿te ha sucedido alguna vez? En un momento estás viviendo tu mejor vida, y en un instante ¡*bum!*, algo inesperado te lanza una bola con efecto. La situación empeora para David, ya que mientras se duele por sus pérdidas, sus hombres se vuelven contra él. Deciden que la culpa es suya y que tiene que ser apedreado. Cuando David está ante sus camaradas y angustiado en su espíritu, hace algo inesperado. "Halló fuerzas en el Señor su Dios" (1 Samuel 30:6). Devastado por sus circunstancias y acusado por sus amigos, David acude solamente a Dios en busca del ánimo que necesita.

Hay momentos en los que nos damos cuenta de que no recibiremos la ayuda o la esperanza que necesitamos de otras personas. En esos momentos, debemos mirar hacia arriba alentándonos a nosotros mismos en Dios. Las siguientes son tres formas prácticas de hacer esto:

1. **Repasa tus victorias pasadas**. Me pregunto si David hizo esto. En cuanto vio que no tenía hogar, que su familia había sido secuestrada, y que sus soldados estaban a unos segundos de apedrearlo, me pregunto si cerró los ojos y se acordó de lo que era estar en el valle con Goliat. Tal vez recordó las veces en las que Dios le salvó la vida cuando estaba huyendo de Saúl. Quizá recordó lo que era cuidar las ovejas una tarde y al día siguiente que el profeta

Samuel lo ungiera con aceite como el siguiente rey de Israel. Cierra tus ojos y cuenta tus bendiciones.

2. **Recuerda que estás bajo la protección divina.** ¿Contra qué o contra quién estás peleando hoy? Cuando te veas sin recursos y creas que esta será tu última vez, Dios ha provisto para ti un refugio más alto que tus circunstancias, un lugar donde estarás bajo la protección divina y donde el enemigo no tiene jurisdicción. Los ángeles te protegen. Puede que te esperen batallas, pero la protección de Dios es tu promesa. "Ciertamente el enemigo vendrá como un río caudaloso, pero el espíritu del Señor desplegará su bandera contra él" (Isaías 59:19).

3. **Recuérdate a ti mismo quién es tu Dios.** Él es capaz. Él abre caminos. Él hace milagros. Él es la puerta que necesitas cuando parezca que todas las demás puertas están cerradas. Yo no sabía que Él era más que suficiente hasta que no tuve lo suficiente. Quiero que te recuerdes a ti mismo quién es tu Dios.

Él es tu Dios, ¡no lo olvides nunca!

ORA

Dios, la victoria es mía. Muchas gracias porque la victoria es mía. Ejerzo mi fe en ti y te ofrezco mi gratitud. No importa lo que esté ocurriendo en mí o a mi alrededor, tú eres mi ancla en mi tormenta. Que sea como David, un creyente conforme a tu corazón, y aprenda a alentarme a mí mismo en lugar de confiar en las circunstancias externas o en otros para que levanten mi espíritu. Alzo mi mirada a ti, y solo a ti. Te lo pido en el nombre de Jesús. Amén.

REFLEXIONA

Recuerda la última vez que hayas sido testigo de alguien que se alentaba a sí mismo inmediatamente después de una situación devastadora. ¿Qué impresión te causó eso?

ACTÚA

Lee los siguientes nombres de Dios. Pasa unos minutos meditando en cada nombre. Tómate muy en serio qué nombre te habla más en esta etapa de tu vida. Recuerda que Él es eso para ti.

- ♦ Dios es Jehová Jireh, tu proveedor.
- ♦ Dios es Jehová Nisi, tu bandera de victoria.
- ♦ Dios es Jehová Tsidkenu, tu justicia.
- ♦ Dios es Jehová Shalom, tu paz.
- ♦ Dios es Jehová Shamma, el Dios que está allí.
- ♦ Dios es Jehová Rafa, el Dios que te sana.

EL CIELO TE ESPERA

Porque estos sufrimientos insignificantes y momentáneos
producen en nosotros una gloria cada vez más excelsa
y eterna. Por eso, no nos fijamos en las cosas que se ven,
sino en las que no se ven; porque las cosas que se ven son
temporales, pero las que no se ven son eternas.
—2 Corintios 4:17-18

Satanás intenta conseguir que nos enfoquemos en nuestros problemas para que nos olvidemos de nuestras promesas. Quiere que llevemos vidas huecas, terrenales. Nuestro enemigo quiere que nos enfoquemos en lo temporal y perdamos de vista lo eterno, porque nos volvemos peligrosos para sus planes cuando no perdemos de vista la eternidad. Él no quiere que recordemos que nos dirigimos al cielo.

Debemos tener el cielo en nuestra mente. Esta es la razón suprema por la que debemos tener un espíritu optimista, sabiendo que pasaremos la eternidad con nuestro Señor Jesucristo.

Este mundo no es nuestro hogar; solo somos peregrinos que estamos de paso. Cuando has atravesado el calor y las presiones de la vida y sientes que ya no te queda nada, quiero recordarte que tienes una vida eterna en el cielo con Dios que puedes anticipar. Un reino sin final donde todas las cosas serán hechas nuevas. "Dios enjugará las lágrimas de los ojos de ellos, y ya no habrá muerte, ni más llanto, ni lamento ni dolor; porque las primeras cosas habrán dejado de existir" (Apocalipsis 21:4).

El apóstol Juan escribió las siguientes palabras mientras estaba abandonado en la isla de Patmos:

> *Después de esto, miré y vi que en el cielo había una puerta abierta. Entonces la voz que antes había escuchado, y que era como el sonido de una trompeta, me dijo: "Sube acá y te mostraré lo que va a suceder después de esto". Al instante quedé bajo el poder del Espíritu y vi que en el cielo había un trono, y que alguien estaba sentado en él.*
>
> (Apocalipsis 4:1-2)

Solo en la isla, Dios permitió que Juan viera una puerta. Desde detrás de la puerta escuchó una voz que decía: "Sube y mira cómo es el cielo. ¿Estás teniendo un mal día, Juan? ¿Quizá un mal mes? Sube aquí y mira las cosas desde la perspectiva del cielo".

Jesús mismo dijo en Juan 14 que el cielo era un lugar real preparado para que todos vivamos en él. Créeme, el cielo es real. Este mundo no es nuestro destino final. No es nuestro verdadero hogar. Nuestro hogar está con el Padre en el cielo.

¿Sabes por qué tenemos una generación que no cree que la pureza y la santidad sean importantes? Porque en verdad no creen que Jesús volverá para llevarnos al cielo.

Se nos dice en 1 Juan 3:2-3: "Amados, ahora somos hijos de Dios, y aún no se ha manifestado lo que hemos de ser. Pero sabemos que, cuando él se manifieste, seremos semejantes a él porque lo veremos tal como él es. Y todo aquel que tiene esta esperanza en él, se purifica a sí mismo, así como él es puro".

Cuando tenemos el cielo en la mente, queremos ser puros. Queremos estar purificados y preparados. Ya sea que las cosas te vayan bien o se estén cayendo en pedazos, sube aquí.

Mira hacia arriba. No dejes de pensar en el cielo. Si crees en Jesús y confías en Él, ¡es ahí donde te diriges!

ORA

Señor, admito que no siempre tengo el cielo presente. Me olvido enseguida que el regalo de salvación me da eternidad contigo en el cielo. ¡Qué regalo! Te pido que lo que haga en la tierra signifique más que alabanza o placeres temporales. Ayúdame a alinear mis prioridades y responsabilidades con las cosas eternas, con lo que en verdad importa. Quiero que mi vida importe para tu venida. Ayúdame a vivir preparado. Te lo pido en el nombre de Jesús. Amén.

REFLEXIONA

¿Alguna vez te has detenido a considerar que Jesús realmente podría volver en cualquier momento? Si regresara esta noche, ¿qué te faltaría por hacer? ¿Qué piensas hacer al respecto?

ACTÚA

Aunque tenemos que pensar en el cielo, tampoco podemos pensar tanto en el cielo que perdamos todo nuestro valor terrenal. Escribe dos formas en las que de manera práctica puedas mirar hacia arriba, hacia el cielo, sin dejar de hacer lo que Dios te ha llamado a hacer hoy.

NOTAS

PASO 1: MIRA HACIA ADENTRO

1. "The Power of Positive Thinking", Health, Johns Hopkins Medicine, consultado en línea 12 de diciembre de 2022, https://www.hopkinsmedicine.org/health/wellness-and-prevention/the-power-of-positive-thinking.
2. Ibid.
3. Bernie Lincicome, "Honesty Not Only Best Policy, It's the Only Policy among Pros", Chicago Tribune, 10 de agosto de 1989, https://www.chicagotribune.com/news/ct-xpm-1989-08-10-8901040404-story.html.

PASO 2: MIRA A JESÚS

1. "It's a Wonderful Life Beginning with Prayers and Angels Talking", YouTube, https://www.youtube.com /watch?v=79pIurpNARs.
2. Tino Wallenda, "The Show Must Go On", Victorious Living, mayo de 2019, https://victoriouslivingmagazine.com/2019/04/the-show-must-go-on/.

PASO 3: MIRA HACIA ADELANTE

1. "Others", About Us, Salvation Army Tuscon, consultado en línea 13 de diciembre de 2022, https://www.salvationarmytucson.org/about1-ch7r.
2. Randy Alfred, "Nov. 18, 1993: Railroad Time Goes Coast to Coast", Wired, 18 de noviembre de 2010, https://www.wired.com/2010/11/1118railroad-time-zones/.
3. Fran Capo, It Happened in New Jersey (Guilford, Conn.: Globe Pequot Press, 2004), p. 69.

PASO 4: MIRA HACIA AFUERA

1. Wendy Wang, "The Decline in Church Attendance in COVID America", Institute for Family Studies (blog), 20 de enero de 2022, https://ifstudies.org/blog/the-decline-in-church-attendance-in-covid-america.
2. Joe Carter, "Don't Blame the Pandemic for Low Church Attendance", The Gospel Coalition, 29 de enero de 2022, https://www.thegospelcoalition.org/article/church-attendance-pandemic/.
3. Aaron Earls, "5 Current Church Attendance Trends You Need to Know", Lifeway Research, 2 de febrero de 2022, https://research.lifeway.com/2022/02/02/5-current-church-attendance-trends-you-need-to-know/.

ACERCA DEL AUTOR

Jentezen Franklin es el pastor principal de Free Chapel, una iglesia con múltiples recintos y con un alcance global. Sus mensajes influencian a generaciones mediante la tecnología moderna y medios digitales, su emisión en televisión, *Kingdom Connection*, y campañas de alcance que ponen en acción el amor y la compasión de Dios. Jentezen es también autor de éxitos de ventas del *New York Times*, y habla en conferencias en todo el mundo. Él y su esposa Cherise viven en Gainesville, Georgia, y tienen cinco hijos y cinco nietos. Descubre más en JentezenFranklin.org.